Wie, Was, Wo aufbewahren?

Caroline Clifton-Mogg

Wie, Was, Wo aufbewahren?

Kreative Ideen und ungewöhnliche Lösungen

Deutsche Verlags-Anstalt

Aus dem Englischen übersetzt von Wiebke Krabbe

1. Auflage

Titel der englischen Originalausgabe:
Storage – Creative Solutions for a Well-Organised Home

Verlegerin: Jacqui Small
Lektorat: Kate John, Hilary Mandleberg
Herstellung: Ashley Western, Peter Colley
Bildrecherche: Nadine Bazar

Satz der deutschen Ausgabe: Edith Mocker, Eichenau
Produktion der deutschen Ausgabe: Monika Pitterle / DVA
Printed in China

ISBN 978-3-421-03708-4

www.dva.de

Inhalt

Aufbewahren ist zu einem großen Thema der Innenarchitektur geworden. Verschiedene Unternehmen haben sich in den letzten Jahren auf diesen Bereich spezialisiert. Ob Kaufhaus oder Fachhändler, Versandhauskatalog oder Internet-Anbieter: Aufbewahrungssysteme werden überall angeboten, und alle überzeugen.

Doch Vorsicht! Ehe Sie über Modelle und Stile nachdenken, möchte ich Ihnen einen Rat geben. Aufbewahrungssysteme mögen im Geschäft oder Katalog praktisch und anpassungsfähig aussehen – doch es hat wenig Sinn, etwas zu kaufen, ehe Sie sich nicht eine Umsetzung bei Ihnen Zuhause überlegt haben. Sonst passiert es, dass Sie etwas anschaffen, das sämtliche Probleme löst – auch solche, die Sie überhaupt nicht haben! Haben Sie es dann in der Wohnung, erweist es sich gerade nicht als die Ideallösung, sondern vielleicht sogar als kostspieliger Fehler. Ich möchte Ihnen helfen, solche Klippen zu umschiffen und ideale, auf Sie abgestimmte Lösungen für Stauraum und Aufbewahrung zu finden.

Caroline Clifton-Mogg

RECHTS Eine althergebrachte Methode zum Aufmöbeln schlichter Regale sind Kantenverzierungen aus Stoff oder Papier.

GANZ RECHTS Kleine Dosen, Schachteln, Beutel oder Körbe sind praktisch zur Aufbewahrung – hier mit Schildern, die für schnellen Überblick sorgen.

In eine ländliche Küche passt ein Regal mit Fächern in verschiedenen Größen, das die Länge der ganzen Wand einnimmt. Versenkte Leuchten setzen einen modernen Akzent.

Australian Almanac 2002
COLOUR IN NATURE
Sidney Nolan Australia
BRADMAN
GOLF
ARCHAEOLOGY OF THE WORLD
ROME
MEDICINE
THE RACING GAME
British Museum Guide
Incest Behavior
POSTER IN HISTORY
SCRABBLE
AMERICA

Warum aufbewahren?

Eine große Büchersammlung in einer schlichten, aber nicht langweiligen Regalwand schafft Ordnung und ist ansehnlich.

»Warum aufbewahren?« scheint vordergründig eine Frage zu sein, deren Antwort auf der Hand liegt. Ganz klar: Wir brauchen Stauraum, um all unsere Habseligkeiten unterzubringen, die wir für unser kompliziertes Leben mit all den verschiedenen Aktivitäten brauchen. Aber warum soll man alles verstauen? Man könnte es doch einfach stapeln oder unters Bett schieben. Der Grund lässt sich auf eine einfache Formel bringen – Ordnung, Überblick, Sicherheit, Sauberkeit, Wohlbefinden. Auf den folgenden Seiten werden wir diese Aspekte genauer beleuchten. Aber beginnen wir doch ganz vorn. Schauen Sie sich einmal um und überlegen Sie, ob alles, was Sie sehen, wirklich nötig ist. Würden Sie einen Schrank öffnen, enthielte er dann nur Dinge, die Sie tatsächlich brauchen? Lauten die Antworten »Nein«, dann gilt es zuerst, sich von dem zu trennen, was überflüssig geworden ist. Modejournalisten raten oft dazu, Kleider wegzugeben, die man ein Jahr lang nicht getragen hat. Ebenso sollte man auch alle anderen Habseligkeiten regelmäßig gründlich sichten. Dadurch verringert sich der Krimskrams – und mit ihm das Stauraumproblem. Machen Sie sich das Aussortieren zur Gewohnheit, Sie werden sich danach erleichtert fühlen, und das, was übrig ist, wird einfacher unterzubringen sein. Überlegen wir aber zuerst, warum sich die Mühe lohnen soll.

GEGENÜBER

OBEN LINKS Nach oben schlagende Schranktüren sind praktisch, da sie offen keinen Platz wegnehmen. Die Tür rastet in Schrägstellung ein.

OBEN RECHTS Kleine Holzkästen hängen in unterschiedlicher Höhe an einer Wand. Mit einem geschwungenen Regal darüber entsteht ein offenes Ensemble mit viel Ablageplatz.

MITTE LINKS In einen einfachen Schrank mit tiefen Fächern passt eine Menge Geschirr. Geschickt und praktisch geordnet ergibt sich auch eine attraktive Komposition.

MITTE RECHTS Der wuchtige Bücherschrank hat ein Gegengewicht in den beiden Fenstern und den hellen Sesseln.

UNTEN LINKS Indem man gleiche oder ähnliche Farben für Wände, Schränke oder Regale wählt, wirken Räume wesentlich größer.

UNTEN RECHTS Ein alter Metallspind dient nun als Geschirrschrank – hier reizvolles, handbemaltes Steinzeug.

EFFIZIENZ UND SAUBERKEIT

UNTEN LINKS Was aussieht wie ein Kunstwerk ist ein Kleiderschrank mit einer Rückwand aus Milchglas: Die Farben ändern sich hier somit ständig.

UNTEN RECHTS Der praktische Einbauschrank mit Fächern in verschiedener Größe ist modern und interessant.

Durchdachter Stauraum ist viel mehr als ein Mittel, um Dinge aufzuräumen und Krimskrams zu verstecken. Er bringt Ordnung ins Leben und macht den Alltag einfacher – in einer Weise, die in Chaos und Unordnung nicht denkbar wäre. Durchdachter Stauraum schafft Überblick in der Wohnung, und der ist für effiziente Alltagsabläufe wichtig. Geben wir es zu: Das wünschen wir uns doch alle – zumindest gelegentlich.

Haben Sie jemals auf der Suche nach irgendetwas mit wachsender Panik um sich geschaut und bedrohlich hohe Papierstapel entdeckt, oder Stühle mit wirren Haufen aus Einzelsocken und Pullovern, zwischen denen Kleidersäume hervorlugten? Wenn sich doch nur für diese Dinge

Hier hat die Schrankwand
eine Doppelfunktion,
sie trennt Schlafzimmer
und Bad.

ein fester Platz finden ließe, um sie aus dem Weg zu schaffen und sinnvoll aufzubewahren, wäre Ihre Wohnung gleich viel übersichtlicher. Außerdem sparen Sie auf lange Sicht viel Zeit. Langwieriges Suchen ist oft frustrierend, manchmal erfolglos – und fast immer vergrößert es noch das Chaos, das schon herrscht.

Für jedes Ding einen Platz zu finden, ist umso wichtiger, wenn man seine Wohnung mit anderen teilt – und das tut fast jeder. Unabhängig von Alter und Ordnungsliebe besitzt jeder Mensch persönliche Dinge, und je mehr Menschen eine Wohnung gemeinsam benutzen, desto wichtiger ist zweckmäßiger und gut organisierter Stauraum. Andernfalls lässt das unüberschaubare Chaos nicht lange auf sich warten. Hinzu kommt, dass »heimatlose« Dinge Platz einnehmen, den man viel besser nutzen könnte. Durch das Aufräumen von Kleinkram gewinnt man mehr Platz, als man sich träumen lässt – das wird Ihnen jeder Raumdesigner bestätigen.

OBEN In der hellen Küche wirken niedrige Regalfächer diskret und entspannt.

LINKS In diesem geräumigen Schrank lässt sich das Geschirr gut ordnen – so sieht es auch attraktiv aus.

GEGENÜBER Wie in diesem Ankleidezimmer »für den Herrn« lassen sich Schuhe attraktiv unterbringen. Vorhänge und Teppich ergänzen diesen Aspekt.

Zu den ersten Fragen, mit denen solche Fachleute sich beschäftigen, gehören die optimale Nutzung des verfügbaren Raums und die beste Unterbringung verschiedenster Utensilien – von Töpfen und Pfannen über Unterhaltungselektronik bis zu Kleidung und Körperpflegeprodukten.

Wenn Sie sich keinen Raumdesigner leisten können – oder wenn seit seinem Einsatz längere Zeit vergangen ist –, sollten Sie nach den gleichen Prinzipien vorgehen. Räume ab und zu neu zu organisieren, für jedes Ding den richtigen Platz zu finden und zu üben und diese Ordnung einzuhalten, hat eine bahnbrechende Wirkung auf die Wohnqualität. Manchmal lässt sich dadurch sogar ein Umzug vermeiden. Räume, die zu klein erscheinen, sind in Wirklichkeit oft einfach zu voll. Gründliches Aussortieren und praktische Stauraumlösungen können Wunder wirken. Eine alte Hausfrauenregel lautet: »Einen Platz für jedes Ding – und jedes Ding an seinem Platz.«

OBEN Zwei freistehende Bücherschränke mit Glastüren oben und geschlossenen Fächern setzen neben ihrer Funktionalität einen attraktiven Farbakzent in diesem Esszimmer.

GEGENÜBER Der Durchgang zwischen Küche und Essbereich wurde geschickt für offene Regale mit Porzellan, Gläsern und Vorratsgläsern genutzt.

LE ROBERT
LE ROBERT
DELACROIX
L'ART

NEUTRA
ARCHITECTURE NOW!
Chareau
HERBERT LIST
Damien Hirst
MAISON FRANÇAISE

DIESE SEITE Ein ungewöhnlicher, aber sehr ansprechender Wohnraum in einem ausgebauten Speicher. Regale füllen die gesamte Giebelwand und vermitteln ein Gefühl von Ordnung und Struktur.

GEGENÜBER Eine Küche im Wandschrank: Herd, Spüle und Hängeschränke können bei Bedarf hinter Schiebetüren verschwinden. Darüber sind in offenen Regalen dekorative Bücher und Bilder untergebracht.

WOHLBEFINDEN

GEGENÜBER Die Wand mit vielen Schränken und Regalfächern bietet auch der originellen Dekoration aus ordentlich aufgereihten japanischen Geta einen schönen Hintergrund.

UNTEN In dieser älteren Wohnung wurden die Einbauschränke und Regale mit viel Feingefühl den dekorativen Elementen des Raums angepasst.

Guter Stauraum ist nicht nur praktisch und zweckmäßig. In einer sinnvoll organisierten, übersichtlichen Wohnung fühlt man sich einfach wohler. Es macht zufrieden, einen Blick in eine gut bestückte Vorratskammer zu werfen, in der alles griffbereit steht. Ähnlich verhält es sich mit einem Stapel frischgebügelter Hemden im Kleiderschrank, duftig-sauberen Handtüchern im Badezimmerregal, blitzblankem Geschirr hinter den Glastüren eines alten Büfetts oder sauberem Schreibpapier und glatten Umschlägen auf einem schönen Sekretär.

Nun hat natürlich jeder seine eigenen Vorstellungen von Ordnung. Was einer angenehm findet, betrachtet jemand anders vielleicht als zwanghaft. Penibel ausgerichtete Paare von Schuhen können schon

»DES EINEN FREUD IST DES ANDEREN LEID.« DIESES SPRICHWORT LÄSST SICH AUCH AUF STAURAUM ANWENDEN: WAS DER EINE ALS ANGENEHM AUFGERÄUMT EMPFINDET, MAG EINEM ANDEREN ZWANGHAFT UND PENIBEL ERSCHEINEN.

OBEN Niedrige Regale passen gut in diesen Raum und behindern den freien Blick nicht.

RECHTS Die Leseecke in dieser offenen Art-déco-Wohnung ist mit Regalen in Hüfthöhe ausgestattet, damit die Sichtachsen erhalten bleiben.

etwas Preußisches haben. Und man mag es auch als Zeitverschwendung betrachten, Handtücher akkurat in offenen Regalen zu stapeln, statt sie etwas weniger ordentlich hinter Schranktüren zu verstauen. Manche Menschen stellen ihre Bücher nicht nur in Regale, sondern legen Wert darauf, sie alphabetisch zu ordnen. Anderen vermitteln schon schnurgerade aufgereihte Buchrücken ein erhebliches Unbehagen. Wer sich also mit einer Stauraumlösung wohlfühlen will, sollte sich durchaus beraten lassen, aber dann seine eigenen Bedürfnisse betrachten und letztlich seinem Gefühl folgen.

THE NASHER COLLECTION
JADE OF THE EAST
CHINA

SAUBERKEIT UND SICHERHEIT

Es versteht sich von selbst, dass Wohnungen mit durchdachtem Stauraum meist sauberer sind. Dabei geht es um mehr als nur Kleidung, die staubsicher hinter einer glatten Fassade aus geschlossenen Schranktüren verstaut ist, oder um Lebensmittel, die in Schrankfächern und Schubladen übersichtlich und griffbereit verwahrt werden.

In einer gut organisierten Wohnung hat man schnell einmal eine Runde mit dem Staubsauger gedreht oder Flächen mit einem feuchten Tuch abgewischt, ohne erst eine große Aufräumaktion starten zu müssen. Auch Arbeitsplatten, die nicht voller Krimskrams stehen, sind im Nu sauber gemacht.

Hinzu kommt, dass herumliegende Dinge gefährlich sein können – vor allem für Kinder oder ältere Menschen. Herumliegende Computerkabel sind riskante Stolperfallen, unordentlich verstaute Küchenutensilien können von einem instabilen Board fallen und Medikamente in einer »Wühlschublade« in der Küche für Kinder lebensgefährlich sein. Unordnung birgt in jedem Raum der Wohnung Risiken.

LINKS Hinter den unauffälligen Fronten der Schrankwand verbergen sich Module in verschiedenen Breiten und Höhen.

GEGENÜBER Glatte Hängeschränke auf Augenhöhe grenzen hier die Küche vom Frühstücksplatz daneben ab.

VIKING

Aufgeräumt

In der Küche sind sehr verschiedenartige Utensilien zu verstauen. Etwas Überlegung ist nötig, damit man nicht ständig in der Tiefe von Schränken nach etwas Wichtigem suchen muss.

Planung zahlt sich fast immer aus. Auch wer neuen Stauraum schaffen will, sollte vor dem Einkauf gründlich nachdenken. Zunächst müssen Sie sich klar sein, was genau Sie eigentlich unterbringen wollen. Dinge, die täglich benutzt werden, müssen natürlich stets zur Hand sein. Was man seltener braucht, könnte vielleicht auf hohen Regalen oder ganz oben im Schrank seinen Platz finden. Für ganz selten benutzte Utensilien bieten sich Dachboden, Keller oder Schuppen an. Sinnvoll ist außerdem, den für Stauraum vorhandenen Platz einmal auszumessen, um ihn möglichst optimal mit Regalen, Schränken oder anderen Aufbewahrungslösungen auszufüllen.

Wenden wir und zuerst den verschiedenen Dingen zu, die es zu verstauen gilt. Küchenutensilien, Putzmittel, Geschirr und Gläser sowie Unterhaltungselektronik müssen jederzeit griffbereit sein. Sportausrüstung, Gartenwerkzeug, Papiere und das »gute« Porzellan braucht man nicht ganz so häufig. Koffer, Ersatzbettdecken, Ski- oder Snowboard-Ausrüstung oder das Surfbrett holt man nur wenige Male pro Jahr hervor. Die Häufigkeit der Benutzung sollte bei allen Überlegungen zum Stauraum an erster Stelle stehen.

GEGENÜBER
OBEN LINKS Ordentlich verstaut sehen viele Dinge schöner aus. Buntstifte in einfachen Gläsern haben einen Charme, der ihnen fehlen würde, wenn sie einfach hinten in der Schublade lägen.

OBEN RECHTS Töpfe auf einem offenen Regal vermitteln Behaglichkeit – sie künden von einem leckeren Essen.

MITTE LINKS Eine Sammlung neuer Gläser, geschaffen nach Vorlagen aus dem 18. Jahrhundert, ist hinter den Glastüren der weiß gestrichenen Anrichte ein nostalgischer und doch sachlicher Anblick.

MITTE RECHTS Zwischen Büchern finden kleine Dekorationsstücke Platz. Durch Form- und Farbkontraste kommt beides zur Geltung.

UNTEN LINKS Lebensmittel in Gläsern aufbewahrt wirken sinnlich und symmetrisch.

UNTEN RECHTS Stoffbeutel verbreiten Sommerstimmung. Im Bad kann man darin einiges verstauen – von Seife über Watte bis zu Zahncreme.

WAS HEBEN SIE AUF?

UNTEN Ein Klassiker ist das Wandregal mit senkrechten und waagerechten Unterteilungen, in dem viele Bücher und auch dekorative Gegenstände Platz finden.

Wir haben mehr Freizeit als frühere Generationen, und all die Dinge, die wir in der Freizeit nutzen, müssen wir in der Wohnung unterbringen. Fernseher, DVD-Player und Musikanlage besitzt fast jeder, auch moderne, computergesteuerte Unterhaltungselektronik setzt sich immer mehr durch. Die Menschen kaufen auch weiterhin Bücher. All diese Schätze brauchen einen Platz, an dem sie immer greifbar sind. Schließlich möchte man sich zur Entspannung einfach ein Buch oder eine DVD nehmen können und nicht stundenlang danach suchen.

Im Schlafzimmer macht diese Kombination aus freitragenden Regalen und niedrigen Schrankelementen eine gute Figur. Zwei deckenhohe Stehleuchten tauchen den Raum in sanftes Licht.

GEGENÜBER Eine ungemein zweckmäßige Lösung für einen kleinen Raum ist ein Hochbett, unter dem ein Arbeitsplatz untergebracht ist. Selbst ein Regal für Bücher und Papiere ist vorhanden.

RECHTS Das Schneidebrett kann man einfach dahin schieben, wo man es gerade braucht. An der Stange hängen ständig gebrauchte Küchenutensilien griffbereit.

Wer genau weiß, welche CD er gerade hören möchte, wird kaum Lust haben, 20 Kisten auf dem Fußboden nach ihr zu durchstöbern. Und es ist auch ärgerlich, wenn das Lieblingsbuch auf einem Board steht, das man nur mit einer Leiter erreicht.

Beim Aufbewahren von Freizeitutensilien muss daher zuerst überlegt werden, was sichtbar und griffbereit sein muss und was lieber hinter Türen verschwinden soll. Moderne Fernseher und Musikanlagen sehen oft so attraktiv aus, dass man sie nicht verstecken muss. Wer allerdings traditionell eingerichtet ist, möchte die Technik vielleicht diskret in passenden Schränken verbergen.

Was man jedoch niemals sehen sollte, ist ein wilder Kabelsalat. Darum entscheiden sich manche Leute für eingebaute oder freistehende Möbel, die speziell für die Unterhaltungselektronik konzipiert sind. Solche Möbel bieten ausreichend Platz für die verschiedenen Komponenten – und auch für die Kabel.

ARBEITSUTENSILIEN

Ein anderes Thema sind Utensilien, die man zur Arbeit braucht – in der Küche zur Zubereitung von Mahlzeiten, oder auch am Schreibtisch und Computer. Ob man Lasagne macht, E-Mails schreibt oder zu Hause arbeitet – es ist in jedem Fall lästig und hochgradig ineffizient, wenn die notwendigen Utensilien und Werkzeuge kreuz und quer über den Raum verteilt sind. Hinzu kommt noch der unnötige Zeitaufwand für die Suche nach dem richtigen Anschlusskabel oder dem Schneebesen. In späteren Kapiteln werden wir uns eingehender mit Küche und Arbeitsplatz beschäftigen. Hier möchte ich aber darauf hinweisen, dass Sie zuallererst herausfinden müssen, was Sie persönlich immer griffbereit haben

möchten. Jeder Mensch hat seine eigenen Prioritäten, darum sind »Expertenmeinungen« nur bedingt von Nutzen. Viel wichtiger ist, dass die Plätze, die Sie Gewürzgläschen, Kochlöffeln, Büroklammern oder dem Locher geben, für Sie persönlich sinnvoll und praktisch sind.

KLEIDUNG UND WÄSCHE

Zu täglich benutzten Textilien haben wir eine besondere Beziehung – ob es sich nun um die Kleidung handelt, die wir anziehen, um die Bettwäsche, in der wir schlafen oder die Handtücher, mit denen wir uns abtrocknen. Viele Menschen finden auch den Anblick sauberer, glatt gebügelter, ordentlich zusammengefalteter Wäschestücke sehr befriedigend. Bei einem Umzug gehört es oft zu den allerersten Handgriffen, einen Platz für die Kleider zu schaffen, und seien es nur eine improvisierte Stange zum Aufhängen, ein paar Kästen oder Körbe. Das Bedürfnis, Ordnung unter diesen persönlichen Habseligkeiten zu schaffen und Notwendiges schnell finden zu können, scheint tief in uns verwurzelt zu sein.

Auch saubere, glatt gefaltete Tisch- und Bettwäsche hat eine positive Wirkung auf unser Wohlbefinden. Seit Jahrhunderten gibt es in vielen Haushalten spezielle Ort, um solche Textilien aufzubewahren – von der begehbaren Wäschekammer bis zum traditionellen Wäscheschrank mit Türen und Schubladen, in dem sich alles unterbringen lässt, was man für Bett und Bad braucht. Als moderne Alternative bieten sich Kommoden mit tiefen Schubladen für gefaltete Handtücher und Bettlaken an. Auch ein preiswerter, bunt gestrichner Schrank mit tiefen Fächern ist groß genug für Stapel von Bettwäsche und Handtüchern.

DIESE SEITE Unter dem Waschtisch in diesem Bad in Blau-Weiß befinden sich offene Fächer für frische Handtücher und zwei Reihen Schubladen mit farbigen Fronten, in denen die weniger attraktiven Kosmetikprodukte verschwinden. Eine einfache, aber zweckmäßige Lösung, die auch die Rohre verbirgt.

GEGENÜBER
LINKS Haken einmal anders. Senkrechte Leisten mit je drei schwenkbaren Haken machen mit Klamottenhaufen auf dem Boden Schluss. Wer sagt denn, dass man Jeans nicht dekorativ zur Schau stellen kann?

RECHTS Für ordnungsliebende Männer: Ein hoher Schrank mit vielen kleinen Fächern, in die je ein gebügeltes, gefaltetes Hemd passt.

WIE HEBEN SIE AUF?

GEGENÜBER

OBEN LINKS Praktisch für den Flur ist eine große Korbtruhe mit Deckel, in der buchstäblich alles verstaut werden kann, was hier nicht im Weg liegen soll.

OBEN RECHTS Ein antikes oder dekoratives Möbelstück sollte neben seinem praktischen Nutzen auch einen Platz erhalten, an dem es zur Geltung kommt.

MITTE LINKS Ein Eckregal, einem Industriemöbel ähnlich, mit einer farbigen Sammlung aus Trinkgläsern.

MITTE RECHTS Die hohen, sachlichen Schränke im Essbereich verschwinden bei Bedarf hinter Schiebepaneelen im Stil japanischer Shojis.

UNTEN LINKS Den Rollwagen mit Schranktüren kann man dahin fahren, wo er gerade gebraucht wird. Die Rollen lassen sich arretieren.

UNTEN RECHTS Die flachen Küchenschubladen sind mit den Griffen, die sich über ihre ganze Breite erstrecken, bequem zu öffnen und schließen.

Es gibt viele Möglichkeiten, seine Habe aufzubewahren. Stauraum ist keine praktische Notwendigkeit, sondern ein Gestaltungsmittel. Eine Stauraumlösung muss funktionieren, aber sie muss auch ansprechend aussehen und zu Stil und Einrichtung des Raums passen.

Moderne Einbau- und Modulkonzepte sind meist sehr unaufdringlich. Sie erfüllen ihren Zweck, bleiben optisch aber im Hintergrund. Freistehende Möbel fallen eher ins Auge. Ein schöner, alter Kleiderschrank eignet sich perfekt zum Aufbewahren von Bettwäsche, Industrieregale können in der Küche spannend aussehen, und ein Sideboard im Stil der 1960er Jahre bringt Pepp ins Esszimmer.

Bei der Entscheidung zwischen eingebauten und freistehenden Stauraummöbeln spielen neben dem Stil die Proportionen des Raums eine wichtige Rolle. Außerdem müssen Sie sich überlegen, welche Dinge sichtbar aufbewahrt werden sollen und welche Sie lieber hinter Türen verstauen.

Wenn Stauraum auch zur Präsentation dient, ist die Anordnung ebenso wichtig wie die Objekte selbst – ganz gleich, ob es sich dabei um eine Sammlung seltener Bücher, Kunsthandwerk aus aller Welt, Familienfotos, Kunstgegenstände oder um Gebrauchsgegenstände wie Geschirr, Glas oder Unterhaltungselektronik handelt.

EINBAUTEN

Wandfüllende, nach Maß gefertigte Einbauschränke können einen Raum total verändern. Optisch wirkt er dann größer. Eine solche Lösung ermöglicht auch neue Nutzungsmöglichkeiten.

Der offensichtliche Vorteil von Einbauschränken besteht darin, dass sie den Platz optimal ausnutzen und – sofern die Innenaufteilung gut durchdacht ist – für verschiedenste Dinge Platz bieten. Wer sich eine Schrankwand oder vielleicht sogar einen begehbaren Kleiderschrank bauen lässt, kann ihn genau auf die individuellen Bedürfnisse zuschneiden. Tragen Sie Anzüge oder lässigere Kombinationen? Brauchen Sie Platz für Sportkleidung und -ausrüstung? Hängen Sie Hemden und Blusen lieber auf oder falten Sie sie zusammen? Wie ist es mit Pullovern, Jacken und Mänteln? Wie viel Platz brauchen Sie für lange und halblange, hängende Kleidungsstücke? Wie viele Regale? Müssen alle Regale tief sein oder hätten Sie gern flachere, zum Beispiel für Unterwäsche?

LINKS Diese formschöne futuristische Küche lässt das Herz höher schlagen. Es wurde in einem ungünstig geschnittenen Bereich viel Stauraum geschaffen.

RECHTS Diese Küche, die an Kubricks »2001: Odyssee im Weltraum« erinnert, orientiert sich am Backsteingewölbe des umgenutzten Klosters aus dem 15. Jahrhundert.

OBEN LINKS Eine durchdachte, sehr komplexe Konstruktion. Auf einer Seite sind zahlreiche Schubladen eingebaut, auf der anderen (hier nicht zu sehen) eine bequeme Polsterbank.

OBEN RECHTS Hinter den Türen dieses stattlichen Einbauschranks verbergen sich tiefe Fächer für große Tischdecken. Darunter finden in Schubladen verschiedener Größe allerlei Kleinigkeiten von Besteck bis zu Servietten Platz.

Ein zweiter Vorteil von Einbauten ist, dass man sie perfekt der Architektur des Raums anpassen kann. Manchmal lassen sich mit ihnen sogar unansehnliche Elemente wie Rohre oder Träger verstecken. Einbauten passen sich jeder Ecke an, und sie können eine langweilige Wand interessanter wirken lassen.

Ein weiterer Vorteil ist, dass Sie Stil und Oberflächengestaltung selbst bestimmen können. Die Auswahl ist riesig – von traditionellem Holz mit Profilleisten bis zu modernem Edelstahl oder Glas. Sie müssen sich auch nicht auf ein Material beschränken. Vielleicht wollen Sie gern Glas und Holz, Leder und Acrylglas oder Metall kombinieren?

Ein Nachteil von Einbauschränken sind natürlich die hohen Kosten. Hinzu kommt, dass man sie bei einem eventuellen späteren Umzug normalerweise zurücklassen muss. Außerdem sind Einbauschränke bei Weitem nicht so flexibel wie freistehende Aufbewahrungsmöbel, die man kurzerhand von einem Raum in einen anderen rücken kann.

RECHTS Die komplette Unterhaltungselektronik ist in diesem nach Maß gebauten Regal mit Fächern in verschiedenen Höhen verstaut. Bei Bedarf verschwindet die ganze Technik hinter Schiebetüren aus Walnussholz.

UNTEN Vom Tischler für diesen Treppenabsatz gebaute Schränke mit schlichten Fronten aus gekalktem Holz. Als Verschluss dient ein Druckmechanismus. Griffe würden die schlichte Optik stören.

DIESE SEITE Einbauten rund ums Bett: Zu beiden Seiten befinden sich hohe Schränke für Kleider, am Kopfende eine niedrigere Ablagefläche mit einer integrierten, waagerechten Lichtleiste.

RECHTS Eine Mini-Küche zwischen zwei Wohnräumen erfordert praktischen Stauraum für die verschiedensten Utensilien. Dafür sorgen hier Unterschränke und wandhohe Schränke mit weißen Fronten.

STIL, FORMAT UND PROPORTIONEN

Einbauschränke sind normalerweise groß. Schon deshalb müssen sie gut auf den Stil des Raums abgestimmt sein, sonst fallen sie unangenehm ins Auge. Unabhängig davon, ob Sie einen modernen oder traditionellen Wohnstil bevorzugen: Bei Einbauten sind Sie am besten beraten, wenn Sie sich für einen zeitlos-klassischen Stil entscheiden. Auch Größe und Proportionen müssen stimmen. Die Höhe richtet sich natürlich nach der Raumhöhe. Vermeiden Sie möglichst Einbauten, die vom Boden bis zur Decke reichen, weil sie leicht allzu mächtig aussehen. Ausnahmen bilden nur Küche und Bad, in denen man es sich nicht leisten kann, Platz zu verschwenden. Schränke, die etwa zwei Handbreit unter der Decke enden, sehen meist geschickter aus – vor allem, wenn man mithilfe einer verdeckten Lichtleiste den Blick zur Decke lenkt.

Anstelle einer sehr wuchtigen Einbauwand könnte man sich auch für eine Lösung entscheiden, die oberhalb der Sitzhöhe beginnt, sodass man Sessel oder ein Sofa darunter stellen kann. In einem Raum mit einem

großen Fenster sollten die Einbauten auf Fensterbankhöhe enden, damit sie nicht mit dem Ausblick konkurrieren.

EINBAUVARIANTEN

Beim Stichwort Einbauschrank denkt man meist an eine Wand identischer Türfronten, wie man sie von alten Wandschränken kennt. Dabei steht nirgends geschrieben, dass Einbauten geschlossen sein müssen. Je nach Wohnraum und verstauten Gegenständen kann eine Einbaulösung auch aus verschiedensten Kombinationen von offenen Regalen, geschlossenen Schrankfächern, Schubladen und sogar ausziehbaren Arbeitsplatten bestehen. Größe und Abstände der einzelnen Elemente sind ebenso wichtig wie die Gesamtproportionen des Einbaumöbels. Zu große Fächer passen eventuell nicht zu den Proportionen des Raums, zu kleine können ein Gefühl der Beengung auslösen.

Auch bei den Schrankfronten haben Sie zahlreiche Wahlmöglichkeiten. Türen müssen sich nicht über die gesamte Schrankhöhe erstrecken, und sie müssen auch nicht mit Scharnieren befestigt sein. Schiebetüren aller Formate sind wahre Raumsparwunder. Die Fronten können aus glattem oder profiliertem, naturbelassenem oder gestrichenem Holz bestehen. Denkbar sind aber auch transparente oder halbtransparente Materialien. Farbe ist ein wichtiges Gestaltungsmittel. Wenn es zur Raumeinrichtung passt, könnte man die Fronten in verschiedenen Kontrastfarben streichen oder mit einem attraktiven Material wie Leder oder Wildleder beziehen.

EINGEBAUTE BÜCHERREGALE

Zu den ersten Einbaumöbeln gehörten Bücherwände, obwohl man zur Zeit ihrer Erfindung den Begriff »Einbaumöbel« vermutlich noch nicht kannte. In manchen älteren Häusern sind die Bücherwände in der Bibliothek, dem Arbeitszimmer oder dem Wohnzimmer bis heute erhalten und erfüllen noch immer ihren Zweck. Traditionelle Modelle hatten meist im oberen Bereich offene Regale und darunter Schranktüren – also staubgeschützten Stauraum. Manchmal waren diese Schränke tiefer als die Regale, sodass man auf die vorspringende Oberfläche Dekorationen, Bilder oder Leuchten stellen konnte.

Ist eine Bücherwand sehr lang, kann man sie optisch auflockern, indem man im mittleren Bereich tiefere Regale wählt. Mit Zierleisten lassen sich senk-

GEGENÜBER Perfekt für den Wohnbereich ist ein offenes Regal mit quadratischen Fächern, in denen fast alles Platz findet. Lässt man die oberen Reihen leer, wirkt das Regal sehr leicht.

DIESE SEITE Das offene Regal passt zu der originellen Möblierung des Raums. Rechts und links sind Bücher untergebracht, der mittlere Bereich ist Dekorationen vorbehalten.

LINKS Beim Blick in diese Küche sieht man kräftige Farbflächen, die von weißen Schrankelementen unterbrochen sind. Der niedrige Schrank ist nach Maß in die Nische eingebaut und im Stil exakt auf die höheren Elemente abgestimmt.

GEGENÜBER Die Bausubstanz ist alt, der Stil modern und so schlicht wie möglich. Der Schrank für Gläser und Geschirr in der Kaminnische ist weiß gestrichen, sodass er optisch mit der Wand verschmilzt.

rechte Holzstreben effektvoll einfassen, wobei breite Leisten meist besser aussehen als zu zierliche. Die Regale sollten immer verstellbar sein. Wenn das Regal nicht aus einem besonderen Holz gebaut ist, kann man es passend zum Raum streichen. Wählen Sie aber nicht exakt die Wandfarbe – eine etwas hellere oder dunklere Nuance sieht interessanter aus. Ein matter oder seidenmatter Anstrich wirkt sanfter als eine Hochglanzfarbe. Ein bewährter Profitrick besteht darin, das Innere des Regals etwas dunkler als seine Außenseiten zu streichen. Moderne Varianten des klassischen Bücherregals verfügen fast immer über spezielle Fächer zur Präsentation von Dekorationen, und auch ein Fach im passenden Format für Fernseher und Musikanlage ist meist vorgesehen.

PRAKTISCHE ERWÄGUNGEN

Wer sich für Einbauten entscheidet, wird meist einen Tischler beauftragen oder eine Firma engagieren, die sich auf Stauraumlösungen spezialisiert hat. Solche Spezialfirmen sind erfahren darin, für komplizierte Räume und Ansprüche kreative Lösungen zu finden, außerdem kennen sie die neuesten Materialien und technischen Hilfsmittel. Sie berücksichtigen statische Aspekte und achten darauf, dass eventuelle Elektroinstallationen vor dem Einbau der Möbel erledigt werden. Überlassen Sie die Planung aber nicht restlos den Experten. Schreiben Sie eine Liste Ihrer Ansprüche und verwenden Sie diese als Diskussionsbasis. So können Sie sicher sein, dass Sie die Stauraumlösung erhalten, die Sie wirklich brauchen.

DIE AUSWAHL DER MÖBEL REICHT VON DISKRET BIS AUFFÄLLIG. LÖSUNGEN EMPFEHLEN SICH, DIE SICH NAHTLOS IN DEN RAUM EINFÜGEN.

Mit den schlichten, aber kunstvoll gearbeiteten Einbauschränken wird die Treppe zu einem Hingucker im Wohnbereich.

Ungewöhnliche Plätze

- Mobile, stapelbare »Türme« passen in schmale, hohe Nischen.
- Mit Eckschränken lässt sich toter Raum geschickt ausnutzen.
- Versandhaus-Kataloge bieten eine verblüffende Auswahl geschickter Stauraumlösungen.
- Manche fahrbaren Kleiderständer lassen sich in der Höhe so verstellen, dass sie auch unter niedrige Dachschrägen passen.

Wer zusätzlichen Stauraum braucht, sollte einmal die ungewöhnlicheren Ecken der Wohnung in Augenschein nehmen, etwa unter der Treppe oder unter der Dachschräge. Manchmal ergeben sich auch nutzbare Nischen durch verkleidete Rohre. Unter Betten und Fenstern findet sich ebenfalls ungenutzter Platz. Verbreiterte Fensterbänke mit integrierten Schrankfächern haben einen Doppelnutzen als leicht zugänglicher Stauraum und als gemütlicher Platz zum Lesen. Im Schlafzimmer könnte man ein extratiefes Kopfteil einbauen, das durch eine Klappe von oben zugänglich ist. Auch der Platz unter Waschbecken und Spülen wird oft vergessen, dabei bekommt man im Handel sogar passende Unterschränke mit Ausschnitten für die Rohre und Anschlüsse.

OBEN In einem schmalen Flur wurde ein »Büro im Schrank« geschaffen. Wird es nicht benutzt, verschwindet es hinter glatten Schiebetüren.

RECHTS Ungemein praktisch ist diese Bank, die unter dem Erkerfenster eingebaut wurde. In ihrem Sockel befindet sich eine tiefe Schublade.

Diese große, weitgehend offene Wohnung kann durch verschiedene Schiebetüren und freistehende Raumteiler bei Bedarf abgeteilt werden, um etwas mehr Privatsphäre zu gewinnen.

Räume teilen

- Farbe schafft Klarheit. Ein Raumteiler, dessen Seiten in verschiedenen Farben gestrichen sind, definiert die separaten Bereiche.
- Dekorationen auf beiden Seiten eines Raumteilers stellen eine Beziehung zum jeweiligen Wohnbereich her.
- Verschieden große Fächer sehen interessant und individuell aus und beugen Eintönigkeit vor.

In einer offenen Wohnung oder einem Loft ist es oft wünschenswert, die verschiedenen Funktionsbereiche kenntlich zu machen. Was kann dafür praktischer sein als Raumteiler, die gleichzeitig Stauraum bieten? Wichtig ist aber, dass solche Möbel ausreichend tief sind, sodass man von beiden Seite etwas darin unterbringen kann. Andererseits müssen die beiden Seiten einander nicht gleichen, sondern können – wie Janus – der Welt ganz verschiedene Gesichter zeigen. Sehr praktisch und beliebt sind Raumteiler in Form eines vergrößerten Kopfteils bei Betten. Auf der Bettseite können Ablagen und integrierte Beleuchtung vorgesehen werden, die andere Seite kann glatt sein oder zusätzlichen Stauraum bieten.

OBEN Der Raumteiler auf den Treppenabsatz »schwebt« zwischen senkrechten Metallstreben. Er wirkt viel leichter und luftiger als eine massive Wand.

RECHTS Ein extratiefer Einbauschrank bietet von beiden Seiten Stauraum und grenzt gleichzeitig die Treppe vom benachbarten Essplatz ab.

FREISTEHENDE MÖBEL

Freistehende Aufbewahrungsmöbel können simpel oder aufwändig, preisgünstig oder kostspielig sein. Die Varianten reichen vom selbstgebauten Kellerregal aus unbehandeltem Holz bis zu Designermodulmöbeln, von ausgemusterten Büromöbeln bis zu edlen Antiquitäten.

Menschen mit schmalem Budget entscheiden sich oft für freistehende Möbel, die sie theoretisch später, wenn mehr Geld zur Verfügung steht, erweitern oder in einem anderen Raum nutzen können. Dabei kommen die Vorzüge freistehender Möbel zum Tragen. Sie sind oft preiswert, können verschiedene Aufbewahrungszwecken in der Wohnung dienen und man kann sie bei einem Umzug mitnehmen.

OBEN Freistehende Aufbewahrung in ihrer einfachsten Form: ein Industrieregal aus Metall, in dem Bücher, Videos und CDs verstaut sind.

RECHTS Mit etwas Fantasie eignet sich fast alles zur Aufbewahrung. Dieses »Regal« neben dem kleinen Arbeitstisch besteht aus aufeinander gestapelten alten Obstkisten.

Wer sich für freistehende Möbel entscheidet, sollte kreativ sein. Viele originelle Stücke – vom alten Küchenbackofen bis zum ausrangierten Aktenschrank – lassen sich intelligent und praktisch zweckentfremden.

Zeitgemäße Modulsysteme, Regalelemente und Sideboards, die gerade ein Comeback erleben, stehen bei modernen Möbeldesignern hoch im Kurs, weil sie praktischen und attraktiven Stauraum in Wohn- und Esszimmer, Schlafräumen oder Büro bieten. Es gibt solche Möbel in vielerlei Ausführung aus Materialien wie Holz, Metall, Kunststoff oder Glas.

Vielleicht gefallen Ihnen auch schöne Möbel aus dem 19. oder frühen 20. Jahrhundert, etwa ein Büfett oder ein Kleiderschrank. Kommoden aus dieser Zeit sind in unterschiedlichen Höhen, Breiten und Tiefen erhältlich. Solche Möbel sind sehr praktisch und können, weil sie solide sind, an die nächste Generation vererbt werden, um auch deren Stauraumproblem zu lösen. Besonders vielseitig sind große Schränke, wie sie um die Mitte des 17. Jahrhunderts entstanden. Heute sind sie wieder sehr beliebt, und es werden auch Nachbauten angeboten. Ursprünglich hatten diese Schränke im unteren Bereich Schubladen und darüber zwei Türen, die entweder aus Massivholz bestanden oder nur einen Massivholzrahmen, die mit Glas, feinem Drahtgitter oder gekräuseltem Stoff gefüllt werden. Manche dieser Schränke hatten auch oben offene Fächer, darunter kleine Schubladen und ganz unten Fächer mit Schranktüren – ähnlich wie ein Büfett. Dass solche Schränke heute so beliebt sind, liegt vor allem an ihrer Anpassungs-

OBEN Ein dänischer Schrank aus dem 20. Jahrhundert ist der stolze Blickfang in diesem schlichten, sachlichen Esszimmer.

LINKS Zwei niedrige Schränke auf kurzen Metallbeinen passen gut zu dem auffälligen Gemälde, das von zwei gleichen Leuchten eingerahmt ist.

GEGENÜBER
OBEN RECHTS Die hölzernen Module können ganz nach Wunsch angeordnet werden. Sie bilden einen originellen Kontrast zur Backsteinmauer.

UNTEN RECHTS Zwei hohe Schränke aus dunklem Holz bieten Platz für alles, was man im Esszimmer braucht, und rahmen hier zusätzlich die imposante Tür ein.

GUTE STAURAUM-
LÖSUNGEN HABEN FÜR
DIE GESAMTWIRKUNG
EINES RAUMS EBENSO
VIEL GEWICHT
WIE SEINE SONSTIGE
MÖBLIERUNG.

fähigkeit. Ihr jüngster Nachkomme ist das »Büro im Schrank« mit Platz für Computer, Drucker und Büromaterial.

Freistehende Bücherregale sind gängige Aufbewahrungsmöbel, die man aber nicht ausschließlich für Bücher benutzen muss. Auch für Stereoanlage und Fernseher eignen sie sich bestens. Wenn Sie sich Bücherregale anfertigen lassen, setzen Sie auf dreieckige oder pyramidenförmige Modelle – am besten als Paar: Rechts und links eines Fensters oder einer Tür wirken sie ausgesprochen attraktiv.

ZWECKENTFREMDUNG

Viele pfiffige Stauraummöbel wurden ursprünglich für einen ganz anderen Zweck erfunden, haben aber in der modernen Wohnung eine neue Funktion gefunden. Ein Beispiel sind alte, aber gut erhaltene und manchmal sogar wertvolle Schränke aller Art, die man mit etwas Glück beim Trödler findet. Setzt man Regalbretter ein, poliert den Lack auf und retuschiert fehlerhafte Stellen, hat man ein ansehnliches, originelles und sehr praktisches Aufbe-

OBEN Der große Bauernschrank ist ein Familienerbstück. Ob Kleider oder Geschirr – er bietet Platz für alles.

OBEN LINKS Ein alter, gestrichener Badezimmerschrank mit einem Regalaufsatz als Showbühne für dekorative Kleinigkeiten.

GEGENÜBER Der bemalte, antike Sekretär sieht nicht nur zauberhaft aus, sondern hält auch Papiere und Schreibmaterialien aufgeräumt bereit.

SENSATION
GILBERT & GEORGE
Mapplethorpe
ROBERT MAPPLETHORPE
PORTRAITS
NICKNIGHT

wahrungsmöbel, das nicht nur im Schlafzimmer gut aussieht. Vielleicht ergattern Sie auch einen alten Spind oder einen ähnlichen Metallschrank – sehr nützlich zum Verstauen von Spielzeug, Büchern oder CDs und DVDs. Eine alte Ladentheke oder ein schlichter Schubladenschrank tut in Küche oder Arbeitszimmer gute Dienste. Mit den ersten ausgebauten Lofts in den 1960er Jahren kamen Aufbewahrungslösungen in Mode, die eigentlich für Industrie und Gewerbe gedacht waren. Sie sind ungemein robust, sehr vielseitig und anpassungsfähig, außerdem lassen sie sich leicht sauber halten, und wer mag, kann sie auch farbig streichen. Gebrauchte Regale und Schränke aus Metall sind noch heute erhältlich, man muss aber manchmal etwas länger suchen. Da fast alle als Modulsysteme konzipiert sind, lassen sie sich problemlos erweitern oder – bei Bedarf in anderer Konfiguration – in einen anderen Bereich rücken. Alte Industriemöbel haben einen besonders individuellen Charakter, den ihre neuen Gegenstücke nicht bieten können.

GEGENÜBER Dieses Arrangement zeigt, wie ungewöhnlich und attraktiv freistehende Aufbewahrungsmöbel sein können.

RECHTS Das niedrige Regal mit den halbtransparenten Türen ist eine stimmige Lösung für diesen modernen, originell gestalteten Raum.

MOBILER STAURAUM

Besonders flexibel sind mobile Elemente, die überall dort zum Einsatz kommen können, wo sie gerade gebraucht werden. Vor allem für die Küche werden bereits zahlreiche Varianten angeboten, oft mit einer robusten Holzplatte, mit Stangen für Handtücher, mit Schubladen für Besteck, Körben für Gemüse und einer Ablage, auf der man Geschirr oder Kochzutaten abstellen kann. Für den Wohnbereich gibt es Rollwagen für Fernseher und DVD-Player mit Schubladen oder Fächern für Videos und DVDs. Im Arbeitszimmer ist ein Computertisch auf Rollen ebenso praktisch wie ein Container für Ordner und anderen Bürobedarf. Gerade in kleinen Apartments oder offenen Wohnungen haben solche Möbel den Vorteil, dass man sie bei Bedarf schnell außer Sicht rollen kann. Auch für Schlafräume gibt es mobile Lösungen. Simple Kleiderständer auf Rollen passen am ehesten in eine Wohnung mit nüchternem Flair. Man kann Kleiderbügel daran hängen, aber auch Taschen mit Quereinteilungen. Vielleicht gefallen Ihnen auch die aufwändigeren Kleiderständer mit Stange und integriertem Regal. Manchmal sind auch Hüllen aus festem Baumwollgewebe erhältlich, die Ihre Kleidung vor Staub schützen.

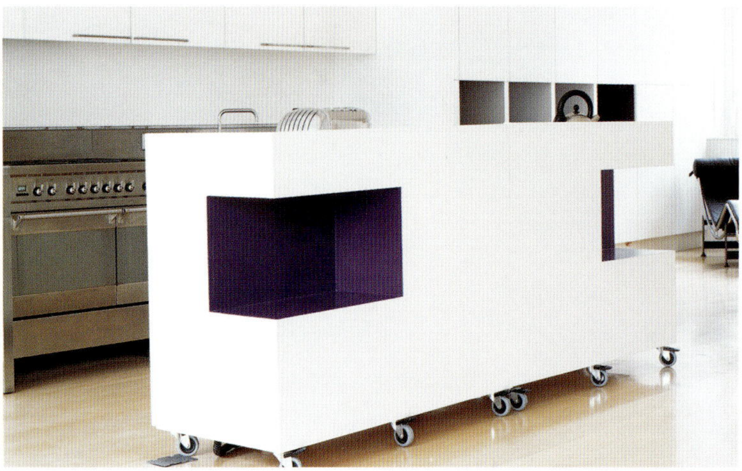

OBEN Für ein kleines Schlafzimmer ist ein Regal auf Rollen, das man leicht herbeiholen oder wegschieben kann, eine gute Lösung.

LINKS Unter der großen Kücheninsel mit integriertem Kochfeld stehen drei Rollcontainer, die man jederzeit dahin rollen kann, wo sie gerade benötigt werden.

GEGENÜBER Eine moderne, mobile Kücheninsel mit arretierbaren Rollen. Sie dient als zusätzliche Arbeitsfläche und kann, wenn Platz zum Essen gebraucht wird, einfach beiseite geschoben werden.

OFFENE REGALE

UNTEN LINKS Farbe ist ein wirkungsvolles Gestaltungsmittel. Dieses rot lackierte Regal mit blütenweißem Geschirr, das an Metallstangen von der Decke hängt, schwebt scheinbar vor dem Fenster.

UNTEN RECHTS Die offenen Regalelemente nehmen einen ausgewogenen Anteil der Wandfläche ein. Sie wirken fast wie eine Skulptur.

GEGENÜBER Wann wird ein offenes Regal zum Möbelstück? Vielleicht wenn man – wie hier – die Wand hinter den offenen Fächern in einer Kontrastfarbe streicht.

Das mag eine herkömmliche Lösung sein, aber offene Regale können sehr attraktiv und interessant aussehen. Das Spektrum reicht von preiswerten Baumarktregalen aus unbehandeltem Holz bis zu aufwändigen Varianten, die sorgfältig auf den jeweiligen Zweck – etwa die Unterbringung einer Musikanlage, einer Bibliothek oder einer Kunstsammlung – zugeschnitten sind. Sie haben die Wahl zwischen vielen verschiedenen Materialien. Holz, das in zahlreichen Arten und Farben angeboten wird, ist nur eine Option. Daneben gibt es MDF-Platte und Metall, die wie Holz gestrichen werden können, außerdem Stein und Glas. In jedem Fall sollten Material und Oberfläche der Regale zu den anderen Möbeln im Raum passen. Wer sich für offene Regale entscheidet, hat meist ein eher kleines Stauraumproblem zu lösen – vielleicht sind

PICASSO
PICASSO
HENRI MATISSE
A RETROSPECTIVE
Arts d'Afrique

IN DER KÜCHE SIND OFFENE REGALE EINE PRAKTISCHE LÖSUNG ZUM AUFBEWAHREN VON UTENSILIEN UND ZUTATEN, DIE MAN OFT BENUTZT.

überzählige Bücher unterzubringen. Wenn sich ein Platz für das Regal nicht spontan anbietet, sehen Sie sich einmal in der Wohnung nach Ecken und Nischen an, die sich für ein Regal nutzen lassen. Ein oder zwei Regalböden über einer Tür sind beispielsweise ein guter Platz für Bücher, die man nicht regelmäßig zur Hand nimmt. Und im Bereich zwischen Küchenarbeitsplatte und Hängeschränken lässt sich ein flaches Regal für kleine Flaschen und Gläser unterbringen, die man schnell zur Hand haben möchte.

An der Küchenwand könnte man über Kopfhöhe auch tiefere Regale für Utensilien anbringen, die man

GEGENÜBER Freistehende Regalelemente und Boarde aus Edelstahl passen gut zum derben Stil dieser Küche in einer ehemaligen Ziegelei.

RECHTS Die Regale scheinen zu schweben, werden aber von Metallstangen gehalten, die in der Küchenwand verankert sind. Sie nehmen wenig Platz ein und führen die Linie des schmalen Regals unter der Arbeitsfläche fort.

gern in Reichweite hat, aber nicht täglich benutzt – den Gänsebräter, den großen Suppentopf oder die Auflaufformen. Küchen, in denen die Gerätschaften sichtbar aufbewahrt werden, wirken belebt, benutzt und gemütlich. Allerdings verschmutzen die Utensilien leichter als hinter geschlossenen Schranktüren.

Auch im Kinderzimmer haben offene Regale hoch an der Wand ihren Nutzen. Dort kann man beispielsweise ältere Spielsachen unterbringen, von denen sich das Kind noch nicht trennen mag. Solche Lieblingsstücke vermitteln dem Kind Sicherheit, und sie können obendrein dekorativ sein.

Offene Regale sind ausgesprochen attraktiv, wenn Design und Format gut zu den anderen Elementen der Einrichtung passen. Dabei geht es nicht nur um den Stil der Möbel, der Dekoration und der Regale. Auch Größe und Proportionen müssen berücksichtigt werden. Oft ist es am besten, ein offenes Board über die volle Wandbreite zu ziehen. Nichts sieht hässlicher aus als ein kleines Regal, das verloren an einer großen Wandfläche hängt. Scheuen Sie auch nicht vor dicken, kräftigen Regalen zurück. Meist sind sie viel effektvoller als ihre dünnen, halbherzig wirkenden Verwandten.

HERZEIGEN ODER VERSTECKEN?

Was möchten Sie zeigen, und was lieber nicht? Die Antwort hängt teilweise davon ab, um welchen Raum es geht. Manche persönlichen Schätze möchte man gern in einem Bereich präsentieren, zu dem Besucher und Gäste Zutritt haben. Es kann aber auch Freude machen, Kleider oder ganz private Lieblingsstücke im Schlafzimmer sichtbar aufzubewahren. Dinge, die mit einem besonderen Hobby zu tun haben – etwa Werkzeuge, Pinsel, schöne Wolle oder buntes Stickgarn –, können dort dekorativen Wert haben, wo man diesem Hobby nachgeht. Denkbar ist auch, praktische und dekorative Aspekte in Einklang zu bringen und beispielsweise Kupfertöpfe, Geschirr oder Gläser in der Küche zur Schau zu stellen. Solche Küchen sehen attraktiv aus, haben aber auch eine warme, einladende Atmosphäre, in der das Kochen viel mehr Spaß macht. Eine Sammlung schöner Objekte wird man eher in den Bereichen präsentieren wollen, in denen man auch Besuch empfängt. Jeder Raumausstatter kann Ihnen erklären, dass Gegenstände aller Art mehr Wirkung besitzen, wenn man sie zu Gruppen arrangiert, statt sie hier und da im Raum zu verteilen. Liebevoll und vielleicht mit etwas Witz gruppiert, fällt eine Sammlung viel eher ins Auge. Dafür genügt oft schon ein einfaches Regal mit einem oder mehreren Böden. Sie könnten ein Regal

LINKS Eine traditionelle Anrichte ist ein perfekter und sachgerechter Präsentationsrahmen für eine Sammlung antiken Porzellans – vor allem, wenn das Möbel passend zur Sammlung gestrichen wird. Hinter den unteren Türen können andere Dinge staubgeschützt verstaut werden.

GEGENÜBER Der Einbauschrank nimmt einen Teil der Regalwand ein, schließt aber nicht bündig ab, sondern springt etwas vor. Das Verhältnis aus offenen und geschlossenen Fächern wirkt sehr ausgewogen.

How to Cook Everything
History of Art

MOUTARDE
MEAL
TAPIOCA

LINKS Anordnung und Vielfalt der dekorativen Stücke auf und in dieser alten Anrichte aus Wales sind ein Lehrstück für die gekonnte Präsentation einer ungewöhnlichen Sammlung.

RECHTS Aufbewahrt und ausgestellt: An kleinen Schraubhaken sind die Perlenhandtaschen sicher und zugleich sehr dekorativ untergebracht.

UNTEN RECHTS In dieser offenen Wohnung kennzeichnen Regale mit einer Sammlung ungewöhnlicher Gläser den Essbereich.

auch senkrecht unterteilen, sodass einzelne Fächer entstehen, oder Kästen mit offener Vorderseite an die Wand hängen. Bei der Präsentation der Einzelobjekte geht es darum, ein Gleichgewicht zwischen ihrer Form und Größe einerseits und ihrem Standort andererseits zu finden. Große Gegenstände wie Bilder oder Skulpturen kommen in gegliederten Regalen mit Einzelfächern, die wie individuelle Rahmen wirken, am besten zur Geltung. Kleinere Objekte arrangiert man besser als Gruppe auf einem einzelnen Regal. Mehrere Gruppen könnten auch in separaten Fächern eines Regals präsentiert werden.

Eine bewährte Methode, die monotone Wirkung endloser Buchrücken aufzulockern, besteht darin, hier und da eine Lücke zwischen den Büchern zu lassen und dekorative Kleinigkeiten aufzustellen – ein Bild, eine kleine Figur, ein Stück Keramik. Achten Sie auch dabei auf die Proportionen. Eine winzige Porzellanfigur würde zwischen mächtigen Lexika einfach verloren aussehen.

GEGENÜBER LINKS Die Detailverliebtheit der kleinen Modellautos kommt zwischen den schlichten Gläsern erst richtig zur Geltung.

GEGENÜBER RECHTS Ein traditionelles Bücherregal mit einem olivgrünen Anstrich, der mit den weißen Buchrücken kontrastiert.

GEGENÜBER UNTEN Clever Stauraum hat mit Handwerksarbeit ebenso viel zu tun wie mit Dekoration. Hier lenkt die Sammlung von Milchkrügen von der Heizkörperverkleidung ab.

RECHTS Im Atelier einer Modedesignerin hängen Papiermodelle von Kinderkleidern an der Wand. In dem Schubladenschrank darunter finden alle Utensilien – von Knöpfen bis zu Zeichnungen – Platz.

MATERIALIEN

Bei der Präsentation schöner Objekte spielt auch das Material der Regale oder Kästen eine große Rolle. Vor allem geht es dabei um das optische Gleichgewicht zwischen den Objekten und ihrer Umgebung. Normalerweise harmonieren große Gegenstände gut mit kräftigen Regalen und zierliche Objekte mit dünneren Fachböden, aber manchmal ist auch gerade der Kontrast reizvoll. Eine Sammlung edler Gläser beispielsweise wirkt am besten auf Glasböden – solo oder in einem größeren Regal. Von unten beleuchtet wirken sie fast, als würden sie schweben. Auch auf Glasböden vor einem Fenster kann so eine Sammlung sehr hübsch aussehen. Dunkle Holzschnitzereien im Ethno-Stil kommen in kräftigen, weißen Regalen mit senkrechten Unterteilungen gut zur Geltung, können aber auch auf dicken Glasregalen eindrucksvoll aussehen. Ungeschickt – und möglicherweise sogar riskant – wäre es andererseits, wuchtige Holzdekorationen auf dünne Glasböden zu stellen. Bei der Wahl eines Möbels für die Präsentation sollten Sie auch den Stil des Hauses und der Raumeinrichtung berücksichtigen. Für einen traditionellen Raum wird man meist ein klassisches Möbel wählen. Wer aber einen sicheren Blick hat, kann auch auf Kontraste setzen.

Denken Sie daran, dass Sammlungen nichts Statisches sind. Verändern Sie gelegentlich die Anordnung, damit sie nicht langweilig wird. Einfaches Umgruppieren genügt schon, um die einzelnen Objekte einmal neu sehen und schätzen zu lernen.

In rosa gestrichene Schranktüren wurden Milchglasscheiben eingesetzt, die das Licht durchscheinen lassen und eine Ahnung des Inhalts vermitteln.

Beleuchtung

- Sammlungen und Dekorationen sollten immer diskret und unauffällig beleuchtet werden.
- Mit preiswerten Dimmern lässt sich auch eine Regalbeleuchtung ganz nach Wunsch regulieren.
- Die Beleuchtung immer vor oder mit dem Aufbau des Stauraummöbels installieren, um Kabel und Schalter unsichtbar zu machen.

Bei jeder Art von Stauraum ist es wichtig, das Aufbewahrte schnell überblicken zu können – ganz gleich, ob man Dinge präsentieren oder verstecken will. Bei Präsentationsmöbeln kann eine Beleuchtung zur optimalen Wirkung beitragen. Gerichtete Strahler stellen einzelne Objekte ins Rampenlicht, verdeckte Lichtleisten oder Fluter tauchen die ganze Sammlung in indirektes Licht.

Schränke werden viel überschaubarer, wenn sich beim Öffnen der Tür eine Innenleuchte einschaltet. Auch Schränke mit satinierten Glasscheiben sehen mit einer Innenbeleuchtung sehr effektvoll aus, weil das diffuse Licht sie zu einem eigenständigen Dekorationselement macht.

OBEN Ein elegantes, weiches Detail in dieser nüchternen Küche ist die flache, indirekt beleuchtete Glasvitrine über der Arbeitsplatte, in der simple Weingläser wie Dekorationsobjekte wirken.

RECHTS Tiefe, vom Tischler gearbeitete Regale mit einer sanften Beleuchtung bilden einen stilvollen Rahmen für die Sammlung antiker Objekte.

Wohin damit?

In diesem großen Wohnbereich in einem Loft schafft ein einfaches Regalsystem Platz für dekorative Dinge, die sich sehen lassen können, und für andere, die hinter Türen verschwinden sollen.

Wie und wo Sie wohnen, ob Ihre Wohnung aus einem oder vielen Räumen besteht – für alle Habseligkeiten den richtigen Aufbewahrungsplatz zu finden, ist eine der wichtigsten Aufgaben. Es lohnt sich wirklich, sich für die Planung des Stauraums ebenso viel Zeit zu nehmen wie für Beleuchtung, Bodenbelag oder Farbgestaltung. Betrachten Sie zunächst Ihren Wohnraum als Ganzes und dann die einzelnen Bereiche, ihre Funktion und Nutzung. Bei manchen Räumen ist die Funktion offenkundig: In eine Küche gehören alle Dinge, die man zum Zubereiten von Mahlzeiten braucht. Im Wohnzimmer sollen meist Fernseher, DVD-Player und Musikanlage untergebracht werden. Im Schlafzimmer bewahrt man normalerweise die Kleidung auf, und das Esszimmer – sofern vorhanden – ist der richtige Platz für Geschirr, Gläser, Tischdecken, Sets und Servietten. Aber so einfach ist es nicht immer. Heute haben Zimmer oft mehr als eine Funktion. Ein einziger Raum kann Arbeitszimmer, Fitnessraum und Gästezimmer sein, ein anderer wird vielleicht zum Kochen, Essen und für die Hausarbeiten genutzt. In einer Studiowohnung wird im Wohnbereich auch gekocht, gegessen und geschlafen. Zur sinnvollen Stauraumplanung ist es dennoch wichtig, sich zuerst genau zu überlegen, welche Aktivitäten in welchem Raum oder Bereich stattfinden.

GEGENÜBER

OBEN LINKS Klar und übersichtlich wirken die einfachen Regale an Metallschienen, die in diesem hellen Schafzimmer Platz für Bücher, Bilder und Dekoratives bieten.

OBEN RECHTS Schlicht, elegant und praktisch: Das Nachtkästchen ist eine Holzschublade auf einem gebogenen Wandträger.

MITTE LINKS Ein gestrichener Schrank mit Gittertüren im oberen und massiven Türen im unteren Bereich ist groß genug für alles, was in diesem Esszimmer benötigt wird.

MITTE RECHTS Eine Wand in dem kleinen Schlafzimmer nimmt das Fenster ein. Auf schlichten, weißen Regalen an der anderen Wand ist Platz für alles Nötige.

UNTEN LINKS Klassische Bücherregale über geschlossenen Unterschränken sind in die Nischen beiderseits des Kamins eingebaut.

UNTEN RECHTS Die Kücheninsel mit Frühstücksplatz hat zur Küchenseite hin tiefe Schrankfächer und zur anderen Seite ein offenes Fach für dekorative Dinge.

GEGENÜBER In diesem hohen Loft wurde eine ganze Wand den audiovisuellen Medien gewidmet.

UNTEN LINKS Eine Bücherwand über einem Sockel aus tiefen Schubladen. Die obersten Regale erreicht man mit einer Leiter auf Rollen.

UNTEN RECHTS Das niedrige Sideboard wirkt wie ein Spiegelbild des Fensterbandes unter der Decke – eine sehr ausgewogene Kombination.

WOHNZIMMER

Wohnzimmer müssen heute viel leisten.

Vorbei sind die Zeiten, als man sie nur selten und zu besonderen Anlässen benutzte. In unserer Zeit werden Wohnzimmer von vielen Personen verschiedenen Alters für die unterschiedlichsten Zwecke genutzt – man liest, hört Musik, sieht fern, macht die Hausaufgaben oder schreibt Briefe. Manchmal ist im Wohnbereich auch der Essplatz untergebracht, wo die Familie isst oder Gäste bewirtet werden. Und fast immer drängen sich all diese Aktivitäten – manchmal gleichzeitig – auf relativ engem Raum. Schon deshalb muss der Stauraum im Wohnzimmer sehr gut durchdacht sein. Und wie geht man es am besten an?

Eine ungewöhnliche, aber sehr clevere Lösung ist dieses Podest mit Stufen an einem Ende, über das man in das angrenzende Schlafzimmer gelangt. Unter dem »Laufsteg« wurden geräumige Aufbewahrungsfächer integriert.

Nehmen Sie zuerst den Raum in Augenschein. Versuchen Sie, ihn wie ein Fremder möglichst distanziert und kritisch zu sehen. Überlegen Sie, ob der vorhandene Stauraum ausreicht. Genügt er nicht, fragen Sie sich, ob er wenigstens vom Typ her richtig ist. Brauchen Sie einfach mehr vom Vorhandenen, oder benötigen Sie ein ganz anderes Stauraumkonzept?

Leichter wird die Entscheidung, wenn Sie alle Aktivitäten aufschreiben, die in dem Raum stattfinden – die regelmäßigen und die selteneren. Dann notieren Sie, welche großen und kleinen Utensilien dafür gebraucht werden. Legen Sie fest, was sichtbar und was versteckt sein soll (siehe Seite 66–71). Manche Menschen stellen Fernseher und Musikanlage gern offen auf, andere finden den Anblick einer kleinen Hausbar oder griffbereiter Zeitschriften einladend. Einige wiederum lieben es minimalistisch und möchten alles hinter Türen verstauen.

KOMBINATIONEN NACH BEDARF

Um allen Funktionen des Wohnbereichs und den verschiedenartigen Objekten, die hier verwahrt werden müssen, gerecht zu werden, wird man meist mehr als einen Typ von Stauraum brauchen. Teilweise sind mittlere bis große Fächer – offene, in Schubladen oder in Schränken mit massiven oder durchsichtigen Türen – erforderlich. Andere Dinge hat man lieber schnell griffbereit, etwa in Kästen oder Körben. Eine großartige und vielseitige Lösung ist eine Kombination aus Unterschränken und offenen Regalen, die sich über eine ganze Wand erstreckt. In den Regalen findet eine ganze Bibliothek Platz, und hinter den Türen verschwinden Weinflaschen, Drucker und Papier, DVDs und Videos, Schallplatten und Spielsachen für die Kinder. Hier kann man alles unterbringen was sich im Laufe eines Lebens ansammelt.

Andererseits sollte man auch den Praxiswert der kleinen, pfiffigen Vielzweckmöbel nicht unterschätzen. Viele Leute verzichten heute auf den Couchtisch und kaufen lieber eine Polsterbank oder Ottomane mit Klappdeckel, in der man Spiele, DVDs, Bücher und Zeitschriften verstauen kann. Anstelle von Beistelltischchen neben dem Sofa könnte man auch lackierte Teekisten, Korbtruhen, alte Koffer oder sogar Metallkisten verwenden. Sie alle können originell aussehen und sind praktisch. Weil man aber – wie auf einem Beistelltisch – allerlei darauf abstellt, bewahrt man in ihnen besser Dinge auf, die nur gelegentlich benutzt werden. Vielleicht entsprechen einige oder alle dieser Ideen Ihren Bedürfnissen. Das Geheimnis ist, flexibel zu bleiben und zu verwenden, was seinen Zweck am besten erfüllt.

OBEN LINKS Ein Bücherregal wurde um ein großes Fenster mit einem Edelstahlgitter als »Gardine« herum gebaut. Davor fällt das originelle Sofa ins Auge.

LINKS In dieser Wohnung in Paris wurden die Bücherregale so in die Kaminnischen eingebaut, dass sie die beiden Türen elegant integrieren.

GEGENÜBER Der imposante Bücherschrank im neoklassischen Stil wurde in den 1940er Jahren von André Arbus entworfen. Bücher und andere Schätze sind darin in wohlkalkulierter Unordnung ausgestellt.

FORTUNE
ANTIQUAIRES

LINKS In dem edlen, genau eingepassten Einbauschrank aus Ahorn mit Leisten aus Kirschbaum befindet sich ein komplettes Unterhaltungscenter mit Fernseher, DVD-Player und Videoausrüstung.

STAURAUM UND AMBIENTE

Wenn man in einem gut gemachten Katalog blättert oder durch eine attraktive Möbelausstellung schlendert, vergisst man leicht, dass Stauraummöbel nicht nur Zweckmöbel sind, die man allein wegen ihres praktischen Nutzens aussucht. Auch Aufbewahrungsmöbel sollten auf Stil und Größe des jeweiligen Raums abgestimmt sein. Das gilt besonders im Wohnzimmer, in dem Ihr Stil und Geschmack auch von Besuchern gesehen und beurteilt wird. Möbel müssen sich hier in die Gesamtgestaltung einfügen, mit anderen Möbeln harmonieren und sie ergänzen. Keinesfalls sollten sie sich optisch in den Vordergrund schieben. Ein Regal auf einer Seite des Raums wirkt ausgewogen, wenn ihm auf der anderen Seite ein Möbelstück von ähnlichem Volumen gegenüber steht. Dieses Gleichgewicht gilt es zu finden.

Auch die Größe des Wohnzimmers muss berücksichtigt werden. Ein großer Raum muss vielleicht gegliedert werden – dafür bieten sich Stauraumlösungen als Raumteiler an (siehe Seite 50–51). Ein Wohnzimmer vom Ausmaß einer Arena, das nur von den vier Wänden begrenzt wird, hat wenig Charme. Unterteilungen können die Proportionen günstig beeinflussen und ein Gefühl von Wärme, Geborgenheit oder Intimität vermitteln. Solche Aufgaben können Raumteiler mit Stauraum bestens erfüllen. Für kleine Räume wählt man meist instinktiv kleine Möbel – das bezieht sich auch auf Aufbewahrungsmöbel. Dadurch kann der Raum aber wirr und unübersichtlich wirken. Raumdesigner wissen, dass stattliche Möbel kleine Räume größer wirken lassen. Also trauen Sie sich ruhig, eine ganze Wand mit Regalen oder Ähnlichem zu füllen. Dadurch gewinnen Sie nicht nur Platz für alles, was Sie in dem kleinen Wohnzimmer tun wollen, sondern stellen auch sicher, dass der übrige Raum stets aufgeräumt ist und sich geräumig anfühlt.

STILE UND MATERIALIEN

Zum Glück gibt es Stauraumlösungen in vielen Stilen und für jeden Geschmack. Ob Sie es nun modern, industriell, klassisch oder zeitlos mögen, Sie werden sicherlich Aufbewahrungsmöbel finden, die Ihnen

IN EIN ZWANGLOS, ABER TRADITIONELL EINGERICHTETES WOHNZIMMER PASSEN HÜBSCHE, FREI STEHENDE MÖBEL BESSER ALS GROSSE EINBAUTEN.

LINKS Asiatische Truhen in allen Formen und Größen, einzeln stehend und neben dem Sofa aufeinander gestapelt, sind äußerst dekorativ, aber auch zweckmäßig.

UNTEN Ein geschnitzter indischer Schrank mit vielen Schubladen ist nicht nur ein nützliches Aufbewahrungsmöbel, sondern ein echter Blickfang in diesem Raum. Praktisch ist auch die große Ablagefläche unter dem Couchtisch.

GEGENÜBER UNTEN LINKS Manche Standardmöbel bieten Möglichkeiten zum vorübergehenden Ablegen von Kleinigkeiten – etwa ein Couchtisch mit einer zweiten, tieferen Platte, auf der alle Bücher und Zeitschriften Platz finden, die sonst im Raum verstreut lägen.

GEGENÜBER UNTEN RECHTS Hell gestrichene Möbel wie der zierliche Schrank und der Hängeschrank mit Glastüren vermitteln in dem kleinen Wohnzimmer im Country-Stil freundliche Ruhe.

zusagen. Natürlich ist es, wie bei anderen Möbeln, auch möglich, verschiedene Stile und Epochen zu mischen. Dafür braucht man allerdings etwas Mut und ein sicheres Auge.

Auch bei den Materialien stehen heute viele Varianten in allen Preisklassen zur Verfügung. Am preiswerten Ende der Skala rangieren MDF-Platte mit oder ohne Echtholzfurnier. Außerdem gibt es Laminate, Glas, Metall, Acrylglas und interessante Kombinationen aus diesen. Das Material, das sich für Wohnräume am besten eignet, ist Holz mit seiner schönen, warmen Oberfläche. Es ist in so vielen Farben und Nuancen erhältlich, dass sich zu jedem Einrichtungsstil etwas Passendes finden lässt. Sie haben die Wahl zwischen hellen Hölzern wie Buche und Esche oder ausdrucksvoll gemasertem Holz wie Eiche oder Ahorn. Dass auch Designer gern mit Holz arbeiten, beweisen die vielen einfallsreichen Stauraumlösungen, die sie in den letzten Jahren entwickelt haben.

THE NEW INTERNATIONAL ATLAS
MASTERS OF THE MODERN
JEAN-CHARLES MOREUX
Paris Interiors
New York Interiors
HOME BOOKS
STYLE
GLASS
Medieval Flowers
The Grammar of Ornament
Brilliant Beginnings
The Illustrated
Society in Vogue
Beaton in Vogue
CHAGALL
VOYAGES
MOSAICS OF ROMAN AFRICA
COSTUMES AND TEXTILES OF ROYAL INDIA
BERTHE MORISOT
Le fauvisme ou «l'épreuve du feu»
PICASSO
TAMARA DE LEMPICKA
On Collecting
Sixteen to Sixty
FORNASETTI
CHANEL
NEW YORK FASHION
THE FRICK COLLECTION
VACATION HOMES
CHINOISERIE
Influential Interiors
Interior Decoration
L'art de la faïence à Moustiers
L'œuvre des Ancienes faïences
THE FOUNTAINS OF ROME
ROMAN ART
AMERICA'S ELITE 1000
EUROPE'S ELITE 1000
ART DECO
IN THE DECO STYLE
The American Country House
MADAME DE POMPADOUR

THE BOOK OF FLOWERS
KLIMT
GEISHA
Anatomy of Love
PARIS
THE FAUVES
THE BOOK OF TEA
1800
Art Nouveau
HISTORY OF ART
The Essential House Book
RITZ
CHANEL
CHANEL
DUNBAR
AMERICAN CENTURY
CULINARIA

VORIGE SEITE Das massive, vom Tischler nach Maß gebaute Regal bietet reichlich Platz für Bücher und dekorative Sammelstücke.

LINKS In dieser offenen, luftigen Wohnung mit vielen modernen Gemälden wirkt auch der große Flachbildschirm fast wie ein Bild.

GEGENÜBER Wie schafft man in einem Loft eine gemütliche Fernsehecke? Zum Beispiel, indem man einen Bereich mit großen Regalen wie eine Höhle umschließt. Viele Bücher, ein Fernseher und ein bequemer Sessel mit Fußhocker vermitteln eine behagliche Atmosphäre, in der es sich gut entspannen lässt.

UNTERHALTUNGSELEKTRONIK

Im 21. Jahrhundert spielt die moderne Unterhaltungselektronik oft eine Hauptrolle im Wohnbereich, jedoch lässt sie sich oft nur schwer in die Einrichtung integrieren. Da muss man Kompromisse schließen, die – wenn sie gelungen sind – ein fast symbiotisches Verhältnis zwischen den vermeintlichen Gegensätzen schaffen. Flachbildfernseher werden preiswerter und setzen sich immer mehr durch. In Bezug auf die Unterbringung hat das Vorteile, denn für einen flachen Monitor lässt sich leichter ein Platz finden als für ein Modell mit wuchtiger Bildröhre.

Flachbildschirme lassen sich in die meisten Stauraumsysteme integrieren, ohne dass die optische Wirkung darunter leidet. Allerdings gilt es auch, Kabel, Stecker und anderes Zubehör gut zu verstecken. Wer Stauraum neu einbauen lässt, sollte diese Aspekte schon bei der Planung berücksichtigen. Praktisch ist beispielsweise eine Extraschublade für all die verschiedenen Fernbedienungen. Achten Sie während der Planung auch auf die Bildschirmhöhe. Damit man bequem fernsehen kann, darf er weder zu hoch noch zu tief stehen. Und aus Sicherheitsgründen sollte auch seine Standfläche nicht zu schmal sein.

KÜCHE

UNTEN In dieser modernen Küche verbergen Türen mit Magnetverschluss fast alles, selbst den Kühlschrank. Häufig benutzte Utensilien sind jedoch in einem dekorativen, antiken Glasregal mit Chromträgern untergebracht.

UNTEN RECHTS Eine elegante »Halbinsel« mit einem eingelassenen Gas-Kochfeld und vielen flachen Schubladen für Kochutensilien.

Nirgends ist cleverer Stauraum so wichtig wie in der Küche. Vielleicht sind Designer von Küchenmöbeln darum besonders erfindungsreich. Meiner Erfahrung nach wird in jedem Haushalt für den Stauraum in der Küche mehr Zeit für Überlegungen, Diskussionen und Marktrecherche aufgewendet als für jeden anderen Raum. Und das ist gut so, denn wenn beim Verstauen der Küchenutensilien Probleme auftreten, breitet sich das Chaos auf geheimnisvolle Weise schnell in der ganzen Wohnung aus. Das mag daran liegen, dass in der Küche so viele verschiedene Dinge untergebracht werden müssen. Weil man dort außerdem arbeitet, ist es umso wichtiger, dass jedes Ding seinen Platz hat – und dort auch zu finden ist.

Natürlich stellt eine Küche spezifische Anforderungen an den Stauraum, doch generell gelten die gleichen Lösungsprinzipien wie in anderen Räumen. Zuerst ist zu entscheiden, welche Dinge täglich benutzt werden.

Im offenen Regal an der Stirnseite der Kücheninsel sind Geschirr und Gläser untergebracht – in praktischer Griffweite zum Frühstücksplatz an einer Längsseite.

DIESE SEITE In der schlichten, behaglichen Küche im ländlichen Stil vermittelt offen verstautes Geschirr einen angenehmen Eindruck von Ordnung und Symmetrie.

GEGENÜBER LINKS Hier wird auf Kontraste gesetzt: Unterschränke mit mattschwarzen Fronten und Hängeschränke mit hochglänzenden Türen in Knallrot.

GEGENÜBER RECHTS Dunkle Holzfronten mit ausdrucksvoller Maserung bilden mit dem silbrig glänzenden Kühlschrank im amerikanischen Stil ein spannendes Ensemble.

Welche zweimal im Monat? Welcher Stauraumtyp ist ergonomischer – Schubladen oder Schränke? Und wie sieht es mit der Vorratskammer aus? Töpfe und Teller, Butter und Bohnen, Mixer und Mehl – alles muss erreichbar sein, ohne lange herumzukramen oder schwere Dinge anzuheben, um etwas hinter ihnen hervorzuziehen.

STILFRAGEN

Alte Bilder von Landhausküchen zeigen, dass Ordnung in der Küche seit jeher ernst genommen wurde. Man denke nur an Reihen spiegelblank glänzender Kupferpfannen an der Wand, Sideboards mit Stapeln von Zinn- und Holzschüsseln, riesige Küchenherde mit dickbäuchigen Eisentöpfen oder Gittern mit aufgehängten Utensilien über robusten Küchentischen. Dieser Stil hat noch heute seinen Reiz, und er lässt sich auch im Sinne des 21. Jahrhunderts umsetzen.

Abgesehen von den Elektrogeräten haben sich Küchenausstattung und -utensilien seit einigen Jahrhunderten erstaunlich wenig verändert. Und auch heute entscheiden sich viele Menschen gegen eine Einbauküche und stellen die Einrichtung lieber selbst zusammen. Praktische Elemente sind eine Anrichte mit Türen und Regalen für Geschirr und Gläser, ein Holztisch mit Besteckschubladen und eventuell in Knöchelhöhe einer Ablage für Töpfe und Pfannen, ein Schrank für Lebensmittelvorräte, freistehende Regale, eine tiefe Keramikspüle und ein hölzernes Abtropfbrett auf einem hüfthohen Schrank.

Andererseits zeichnen sich auch hochmoderne Küchen heute durch eine hohes Maß an Überlegung und Einfallsreichtum aus. Sie bieten Lösungen für Probleme, die Ihnen noch gar nicht eingefallen sind. In solchen Küchen ist eine Schranktür selten einfach nur eine Schranktür. Auf der Innenseite findet man

vielleicht Hängekörbe oder kleine Regale für Flaschen und Gläser. Die Regalböden sind drehbar, um den Schrankraum in Ecken optimal auszunutzen. Auch Schubladen (siehe Seite 100–101) gibt es in vielen Varianten. Manche sind tief genug für Töpfe, andere sind mit Unterteilungen für verschiedene Besteckarten ausgestattet. Moderne Küchen haben meist glatte, pflegeleichte Oberflächen aus Laminat, Holz, Stein, Glas oder Metall – und vor allem viel gut durchdachten Stauraum. Dass sie so übersichtlich und manchmal minimalistisch aussehen, liegt daran, dass absolut alles an seinem Platz steht – wie in einem Labor. Wer solche Küchen steril findet, ist mit einer Mischung aus modernen und traditionellen Elementen gut beraten. In traditionelle Küchenmöbel lassen sich verschiedene moderne und durchdachte Einbauten integrieren, sodass viel Krimskrams unsichtbar und dennoch griffbereit verstaut ist, während attraktive Utensilien ruhig sichtbar bleiben dürfen.

Damit kommen wir wieder zu der Frage, was gezeigt und was verborgen wird (siehe Seite 66–71). In der Küche muss bedacht werden, dass offen stehende Gegenstände durch Kochdünste schnell ver-

GEGENÜBER

LINKS Eine moderne Küche mit Elementen im Retro-Stil. Unter der weißen Arbeitsfläche wurden Edelstahlregale eingebaut, die zu dem Edelstahlschrank passen.

RECHTS OBEN Die simplen Holzregale für Geschirr und Gläser korrespondieren mit den Deckenbalken.

RECHTS UNTEN In dieser Küche unter der Dachschräge wurde jeder Winkel genutzt, um Regalplatz für die Sammlung weiß und cremefarbig glasierter Keramik zu schaffen.

DIESE SEITE Eine ungewöhnliche Aufbewahrungsidee: Die Füße der Gläser werden zwischen Paare aus kurzen Rundhölzern geschoben, die an den Deckenbalken befestigt sind.

schmutzen – auch wenn die Abzugshaube leistungsfähig ist. Dieser Aspekt ist für alle wichtig, die eine traditionelle Küche bevorzugen, in der Utensilien und Zutaten für alle sichtbar sind. Es lässt sich nicht vermeiden, dass sich auf diesen Dingen ein Schmutz- und Fettfilm ablagert.

Eine Alternative wäre die Aufbewahrung in offenen Schränken, die statt mit Türen mit einfachen Vorhängen an Metallstangen verschlossen werden. Oder Sie räumen alles außer Sicht, sodass nur eine makellos saubere Arbeitsfläche zu sehen ist. Die Entscheidung liegt bei Ihnen.

WAS GEHÖRT WOHIN?

Gerade in der Küche hat jeder seine eigene Arbeitsweise. Finden Sie also heraus, wie Sie persönlich Ihre Küche nutzen. Es liegt nahe, Töpfe und Pfannen im Kochbereich aufzubewahren – aber heißt das am Herd oder am Backofen? Und ist dort eine Fläche vorhanden, auf der man heißes Kochgeschirr abstellen kann? Wollen Sie diese meist schweren Utensilien in Schubladen oder in Schränken verstauen? Ich bevorzuge Schubladen, sofern sie sich leicht öffnen und schließen lassen, weil sie rückenfreudlicher sind. Wer regelmäßig eine Küchenmaschine benutzt, möchte sie

vielleicht einsatzbereit auf der Arbeitsfläche stehen haben. Alltagsgeschirr und Besteck sollten in der Nähe von Spüle und Spülmaschine aufbewahrt werden. Dann sind da die Dinge, die man nicht so oft benutzt – der große Bräter für die Weihnachtsgans, die riesige Lasagneform für Essen mit vielen Gästen, der Fischdünster, der Marmeladenkochtopf und die Eismaschine. Solche Dinge können ruhig weiter hinten in tiefen Schränken oder auf einem hohen Regal, das man notfalls mit einer Trittleiter erreicht, verstaut werden.

In vielen modernen Küchen findet man heute ein Inselelement mit Herd und/oder einer Spüle. Solche Inseln sind meist mit tiefen Schubladen für Töpfe und Pfannen, einem Schrankfach für Putzmittel und flachen Schubladen für Besteck ausgestattet.

Ich wundere mich immer, dass in vielen Küchen in Herdnähe ein Platz für Gewürzgläschen fehlt, die man doch ständig braucht. Kleine Regale – nicht tiefer als die Gläschen – sind ungemein praktisch.

Früher hatte jeder Haushalt eine Speisekammer, in der Schachteln, Gläser und Dosen übersichtlich auf Regalen aufbewahrt wurden. Eine große Steinplatte hielt Käse kühl, auch Gekochtes wurde dort zum Abkühlen abgestellt. Und darunter war reichlich Platz für Beutel und Säcke mit Hülsenfrüchten und anderen Trockenzutaten. An der Wand hing ein Extraschrank für Fleisch, und feiner Maschendraht am Fenster sorgte für die optimale Belüftung. Mit der Erfindung des Kühlschrankes schrumpfte die Speisekammer zum Vorratsschrank, zumal in modernen Wohnungen der Platz für eine separate Speisekammer fehlt. Küchendesigner entwerfen aber nach wie vor praktische Vorratsschränke nach dem gleichen, bewährten Prinzip, beispielsweise mit Drahtkörben zur luftigen Lagerung von Gemüse.

DIESE SEITE Eine schöne Sammlung von Gläsern und Geschirr ist in Wandschränken mit Glastüren sichtbar, aber staubgeschützt verstaut.

GEGENÜBER OBEN Blickfang der schmalen Küche ist ein deckenhohes Lagerregal aus Metall. Solche preiswerten, verstellbaren Regale bieten Platz für alles, was man in der Küche braucht.

UNTEN Die Unterschränke wurden nach alten Vorbildern neu gebaut. Sie passen perfekt in die liebevoll altmodisch eingerichtete Küche.

Küchenschubladen

- Versilbertes Besteckt bewahrt man am besten in Schubladen mit Filzeinlage auf, damit das Metall nicht verkratzt.
- Auch in schmale Nischen passen Schubladen – etwa für Servietten, Geschirrtücher oder Gefrier- und Frühstücksbeutel.
- Schubladen, in denen Lebensmittel aufbewahrt werden, müssen aus hygienischen Gründen einen abwischbaren Boden haben. Alternativ kann man den Boden mit einer stabilen Kunststofffolie bekleben.

Küchenschubladen haben viele Funktionen. Man kann darin Gläser und Dosen, Töpfe und Pfannen, Küchenwerkzeuge und andere Utensilien aufbewahren. Damit nicht alles durcheinander rutscht, ist aber eine praktische Unterteilung sinnvoll. Besteckkästen aus Plastik, die man einfach in eine Schublade setzt, kann man in verschiedenen Größen überall kaufen. Es gibt auch verstellbare Systeme aus Holz oder Metall, die man den Größen der Kochutensilien oder der Schubladen anpassen kann. Moderne Schubladen mit Federmechanismus schließen auf Fingertipp – und ohne Knall. Manche haben die passende Höhe, um Töpfe und Pfannen nebeneinander zu stellen, ohne sie zu stapeln. Für tiefere Schubladen gibt es Halter für Tellerstapel. Und wer sich eine Küche nach Maß bauen lässt, kann natürlich auch die Unterteilungen der Schubladen – simpel oder aufwändig – ganz nach den eigenen Bedürfnissen gestalten lassen.

GEGENÜBER

OBEN LINKS Eine Spezialschublade zur übersichtlichen Aufbewahrung von Messern.

OBEN RECHTS Viele Menschen bringen Töpfe lieber in Schubladen unter, als in Schränken zu wühlen.

UNTEN LINKS Neu auf dem Markt sind Schubladen-Geschirrspüler. Hier kann man das Geschirr und Besteck sowohl reinigen als auch aufbewahren.

UNTEN RECHTS Silberbesteck bewahrt man in Schubladen mit Filzeinlage auf, damit es nicht verkratzt. Ganz Sorgfältige decken es zusätzlich mit einem weichen Tuch ab.

DIESE SEITE Einfach und praktisch: Durch die schrägen Bodenstufen dieser Schublade werden die Messerklingen optimal geschont.

ESSPLATZ

Moderne Wohnungen sind oft klein, daher verzichtet man meist auf ein separates Esszimmer und bringt den Essplatz in der Küche unter. Dann ist es oft notwendig, Geschirr und Gläser in den Küchenschränken oder Küchenregalen zu verstauen – und das bedeutet, sich wirklich auf das absolut Notwendige zu beschränken.

Reicht der Platz aus, um den Tisch in einigem Abstand zum Arbeitsbereich aufzustellen, kann der Essplatz komfortabler und behaglicher gestaltet werden. Eventuell lässt sich sogar ein Sideboard oder ein kleiner Schrank unterbringen, in dem neben Geschirr und Gläsern auch Tischwäsche und große Servierschüsseln aufbewahrt werden können. Der Stauraum in der Küche wird dadurch erheblich entlastet. Auch dekorative Kleinigkeiten wie Kerzen oder kleine Vasen zur Tischdekoration gehören in die Nähe des Essplatzes. Achten Sie aber darauf, einen Schrank zu wählen, der zur Kücheneinrichtung passt. In einer klassischen Küche würde ein

WIRD DIE KÜCHE ZUM KOCHEN UND ESSEN BENUTZT, SOLLTEN GESCHIRR UND GLÄSER IN PRAKTISCHER GRIFFNÄHE ZUM TISCH IHREN PLATZ FINDEN.

OBEN Auf dem breiten Kaminsims sind attraktive Geschirrstücke in verschiedenen Größen und Formaten gut untergebracht.

RECHTS Ein traditionell bemalter Schrank ist groß genug für Geschirr, Gläser und sperrigere Utensilien.

GEGENÜBER LINKS Aufbewahrung oder Präsentation? Die Reihe glänzender Kupfertöpfe auf den Hängeschränken sieht sehr dekorativ aus.

GEGENÜBER RECHTS Das nach Maß gebaute Flaschenregal ist nicht nur praktisch, sondern auch ein Blickfang in der modernen Küche.

modernes Sideboard reichlich deplatziert aussehen. Andererseits kann ein ungewöhnliches, klassisches oder sogar antikes Einzelstück in einer modernen Küche interessant wirken.

Ein separates Esszimmer lässt bei stilistischen Entscheidungen mehr Spielraum, weil die Einrichtung nicht zur Küche passen muss. Hier ist meist auch genug Platz vorhanden, um das »gute« Geschirr in Regalen oder hinter Glastüren zur Schau zu stellen. Vielleicht gefallen Ihnen aber auch die Sideboards im Retro-Stil, die zurzeit aktuell sind.

OBEN Die gesamte Raumgestaltung orientiert sich an Stil und Farben der antiken Fayencen in den offenen Fächern der alten, weiß gestrichenen Anrichte.

LINKS Diese Kommode stammt vom Antiquitätenhändler, erst durch den nachträglich hinzugefügten Regalaufsatz wurde sie zur Anrichte.

GEGENÜBER In diesem ländlichen Esszimmer ist neben der Tür gerade genug Platz für einen kleinen Schrank mit Glastüren und hübschen Spitzenkanten an den Regalböden.

DIESE SEITE Ein modernes Esszimmer mit einer zeitgemäßen Interpretation des traditionellen Sideboards. Das antike Teegeschirr ist ein augenzwinkernder Verweis auf die traditionelle Teestunde.

GEGENÜBER Hier wird der Stil der 1950er Jahre konsequent durchgehalten. Die senfgelben Schiebetüren des flachen Schranks korrespondieren mit den Fornasetti-Stühlen.

Bis zur Decke reichen die eleganten Hängeschränke, hinter deren Glastüren Geschirr und Gläser übersichtlich und griffbereit – aber staubgeschützt – aufbewahrt sind.

Porzellan und Gläser

- Gläser bewahrt man am besten stehend auf, damit der empfindliche Rand nicht so leicht anstößt.
- Beim Stapeln von Tellern mit Goldrand oder handgemaltem Dekor Servietten dazwischen legen, um das Dekor zu schützen.
- Antike Tassen nicht an Haken hängen – der Henkel ist ihr schwächster Teil.
- Stöpsel nicht zu tief in Glaskaraffen drücken, weil sie sich sonst verklemmen können.

Natürlich kann man Gläser und Geschirr hinter Schranktüren verstecken, aber viele Menschen bewahren so dekorative Dinge gern sichtbar auf. Wer das regelmäßige Entstauben selten benutzter Teile vermeiden möchte, ist mit Schränken mit Glastüren am besten beraten. Solche Schränke gibt es in vielen Stilrichtungen und Preisklassen. Am besten arrangiert man das Geschirr wie jede andere Sammlung zu Gruppen, die in Größe und optischem Gewicht einigermaßen zueinander passen. Meist bedeutet das, Gläser und Porzellan getrennt zu halten. Wer gern ein ländlich-gemütliches Durcheinander mag, sollte sich auf maximal drei Farben beschränken – oder wirklich alle Regenbogenfarben kombinieren, um ein fröhlich-kunterbuntes Ensemble zu erhalten.

OBEN Begehbare Schränke sind praktisch, in engen Wohnungen aber selten. In Wandregalen sind hier Gläser und Geschirr nach Typen sortiert.

RECHTS In einer kleinen Küche bieten flache Schränke mit Schiebetüren aus Glas genug Platz für Geschirr und Gläser.

FLUR UND TREPPE

Viele Hausbesitzer empfinden ihren Flur als eng, dabei entspricht das gar nicht immer der Wirklichkeit. Tatsächlich ist kaum ein Flur so eng, dass man sich seitwärts hindurchzwängen muss. Wenn ein Flur breit genug ist, dass man ihn bequem durchqueren kann, lässt sich meiner Meinung nach auch irgendwo etwas Stauraum unterbringen. Auf den folgenden Seiten werden Sie sehen, dass selbst unvorteilhaft wirkende Flure verblüffende Möglichkeiten bieten können.

In Bereichen mit viel Durchgangsverkehr muss Stauraum natürlich so beschaffen sein, dass er niemanden behindert. Im Flur gilt es, Jacken, Mäntel und Schirme unterzubringen – und einfache Haken nehmen kaum Platz ein. Es gibt sie in vielen Stilrichtungen und Varianten, von schlichten Knopfleisten aus Holz oder gebürstetem Metall bis zu Einzelhaken, die man auch auf einer dekorativen Leiste montieren kann. Vielleicht finden Sie beim Trödler einen alten Kleiderhalter aus der Eisenbahn oder einen gusseisernen Garderobenständer mit integriertem Schirmhalter. Solche Ständer gibt es zum Beispiel in halbrunder Form, sodass man sie an eine Wand stellen kann.

Wo kein Gartenschuppen vorhanden ist, können Fahrräder Probleme aufwerfen. In der Diele sehen sie nicht sonderlich schön aus und können, wenn sie umkippen, sogar gefährlich sein. Besser verstaut sind sie an Wandhaken mit einer Kunststoffummantelung und eventuell mit einem tiefen

GANZ LINKS In diesem schmalen Flur wurde eine ganze Wand zum begehbaren Schrank gemacht. Hinter den Türen mit Echtholzfurnier verbergen sich Regale und Stangen.

LINKS Was fast aussieht wie eine glatte Wand ist tatsächlich Stauraum unter einer Treppe mit Klapptüren und praktischen Apotheker-Auszügen.

GEGENÜBER In diesem Miniflur wurden zwei Wandschränke installiert. Sie sind nicht tief, reichen dafür aber bis zur Decke.

GEGENÜBER An der Wand unter der offenen Metalltreppe steht ein Regal, dessen Kontur mit der Stufenform der Treppe korrespondiert.

RECHTS Gut durchdacht und schön gearbeitet ist diese Wand aus Einbauschränken unter der Treppe. Im offenen Fach steht eine Cocktailbar bereit.

Regal darüber, in dem die Ausrüstung Platz findet. Wenn möglichst wenig offen herumliegen soll, sind Schränke erforderlich.

Selbst in scheinbar schmalen Fluren reicht der Platz oft für Einbauschränke von geringer Tiefe, die aber bis zur Decke reichen können. Und wer wirklich mit den Zentimetern knausern muss, sollte platzsparende Schiebetüren in Erwägung ziehen.

Viele Flure münden in ein Treppenhaus, in dem sich weiterer Stauraum schaffen lässt. Wer Wert auf Ordnung legt, wird das Potenzial des Platzes unter der Treppe zu schätzen wissen. Einfache Regale, die sich der Treppenneigung problemlos anpassen lassen, genügen schon. Eleganter sind aber Modulsysteme oder nach Maß gefertigte Einbauten, hinter deren Türen eine Menge Habseligkeiten verschwinden.

Sogar die Treppe selbst kann als Stauraum genutzt werden. Beim Umbau einer Loftwohnung in London ließ beispielsweise der Architekt die Trittflächen der Stufen etwas anheben, um in jede eine flache Schublade einzubauen, in der viele kleine Dinge untergebracht werden können.

SCHLAFZIMMER

In puncto Stauraum könnte man das Schlafzimmer zum wichtigsten Bereich der Wohnung erklären. Immer wieder liest man, das Schlafzimmer solle ein Ruheraum sein, ein Ort, um sich zurückzuziehen und zu entspannen, um die Hektik der Welt (und der sonstigen Wohnung) auszusperren. Damit das gelingt, ist Ordnung eine wichtige Voraussetzung, denn Chaos und Unruhe sind nun einmal keine guten Bettgefährten.

Welche Art von Stauraum wird benötigt? Um das herauszufinden, schauen Sie sich Ihre Lebensgewohnheiten und Ihren Kleiderschrank genau an. Kleidung und Lebensstil unterscheiden sich erheblich, sodass sich für zwei Frauen kaum ein gemeinsamer Nenner finden lässt – und Män-

DIESE SEITE Das Ankleidezimmer lässt sich abteilen, ist aber optisch Teil des Schlafbereichs und darum im ähnlichen Stil mit schlichten Möbeln ausgestattet.

GEGENÜBER LINKS In diesem fast minimalistischen Schlafzimmer ist der offene Kleiderschrank – wie die Wände – oben weiß und unten dunkel gestrichen.

ner haben wieder andere Stauraumbedürfnisse. Kleiden Sie sich oft förmlich oder vorwiegend lässig? Brauchen Sie Platz für gebügelte Hemden oder bequeme T-Shirts? Für Anzüge oder Trainingshosen? Für Kleider und Röcke oder für Hosen und Pullover? Aus Ihren Antworten lässt sich erkennen, wie Ihr Stauraum aussehen muss: Regale für T-Shirts und Pullover, hoher Hängeplatz für Mäntel, Kleider, Hosen und Jeans, kurzer Hängeplatz für Hemden, Blusen und Röcke, Schubladen oder Fächer für Unterwäsche und Strümpfe, Regale für Schuhe, Kästen für Hüte. Zum Glück gibt es für alle Eventualitäten die passenden Lösungen. Dann müssen Sie entscheiden, ob Ihnen freistehende oder eingebaute Schränke lieber sind. Einbauschränke sind die teurere Variante (siehe Seite 38–47), lassen sich aber allen Bedürfnissen individuell anpassen. Nicht nur für die Küche, sondern auch für Kleiderschränke gibt es Inneneinrichtungssysteme für die verschie-

GEGENÜBER LINKS Der schlichte Kleiderschrank ist sehr groß, wirkt aber nicht erdrückend, sondern passt gut zu der ruhigen, sachlichen Atmosphäre des Schlafzimmers.

DIESE SEITE Der Waschplatz sieht aus wie eingebaut, besteht aber aus freistehenden Schrank- und Schubladenelementen mit integriertem Waschbecken und Spiegel.

RECHTS Keine Ausreden für Unordnung! Hinter dieser Wand aus Türen mit Walnussfurnier verschwindet alles, was einen Platz braucht.

densten Kombinationen aus Hängestangen, Auszugplatten, flachen und tiefen Schubladen, Drahtkörben und Regalböden. Außerdem haben Sie die Wahl zwischen Klapp-, Falt- und Schiebetüren.

Einbauschränke haben in der Vergangenheit nicht nur gute Kritiken bekommen. Fast jeder erinnert sich an die tristen Modelle mit charakterlosen Türen oder unmotivierten Zierleisten. Zum Glück hat sich das Design in den letzten Jahren weiterentwickelt. Gute Einbausysteme bestechen heute durch gestalterischen Variantenreichtum und interessante Materialien, die einen Raum wirklich aufwerten können.

FLEXIBLER STAURAUM

Flexibler und normalerweise preisgünstiger sind freistehende Schränke (siehe Seite 52–59) oder mobile Stauraumelemente (siehe Seite 60–61).

DIESE SEITE In dem kleinen, freundlichen Schlafzimmer wären Nachtschränke zu sperrig. Ein Holzregal mit diskreten Schubladen für Kleinigkeiten erfüllt den gleichen Zweck.

GEGNÜBER Ein Alkoven, ein schrankartiges Bett, war früher in den kühlen, zugigen Häusern sehr gemütlich. Unter der Matratze wurden in großen Schubladen Bettzeug und Decken aufbewahrt.

OBEN Die praktischen Einbauschränke entlang der Wand unter der Dachschräge nimmt man kaum wahr. Dafür fallen die beiden schlichten Kommoden im Stil der 1960er Jahre umso mehr ins Auge.

OBEN RECHTS Die antike Kommode wird durch die imposante Büste und den eleganten Spiegel zum Blickfang des kleinen Schlafzimmers.

Sie lassen mehr Spielraum für die Entscheidung, wie und wo Dinge untergebracht werden sollen, außerdem kann man sie nach Wunsch umstellen oder – was manchmal wichtig ist – bei einem Umzug mitnehmen.

Neben freistehenden Schränken und Kommoden, die speziell fürs Schlafzimmer konzipiert sind, können auch alte Stücke attraktiv aussehen. Beim Trödler steht so manches Möbel unbemerkt herum, das im Schlafzimmer gute Dienste leisten könnte. Ein frischer Anstrich, vielleicht neue Türbeschläge oder eine veränderte Innenausstattung – und schon haben Sie ein praktisches, stabiles und dekoratives Schlafzimmermöbel. Natürlich können Sie auch einen Einbauschrank für hängende Kleidung mit einer alten Kommode und klassischen Nachtschränkchen kombinieren.

Ein Mittelding zwischen eingebauten und freistehenden Möbeln sind Module – meist einfache Kästen mit oder ohne Türen. Man kann sie ganz nach Wunsch kombinieren, an der Wand befestigen und mit Regalböden oder anderen Unterteilungen individualisieren. Solche Module sind sehr flexibel, eignen sich aber nur für kleinere Gegenstände, die man sonst auf Regalen oder in Schubladen lagern würde – Musikanlage, Bücher, CDs und DVDs, Kosmetika, Taschen und Accessoires oder Schmuck.

OBEN Für das kleine Schlafzimmer in der Attika sind niedrige Schubladenschränke und der abgeschrägte Kleiderständer aus Holz ideale Lösungen.

OBEN RECHTS Stattliche Möbel lassen kleine Räume oft größer wirken. Hier übernimmt ein rustikal wirkender Kleiderschrank diese Funktion.

In einem kleinen Schlafzimmer sollte man die Höhe nicht vegessen. Vielleicht kann man das Bett auf ein Podest mit großen Schubladen stellen? Unter einem echten Hochbett lässt sich sogar hängende Kleidung gut unterbringen. Und selbst der Platz unter einem Bett in normaler Höhe kann mit Schubkästen auf Rollen genutzt werden.

Praktisch fürs Schlafzimmer sind auch Körbe und Truhen, deren Deckel als Sitzfläche dient. Ausziehbare Kleiderstangen bekommt man in jedem Möbelmarkt, Hängeaufbewahrungen aus Nylon werden für wenig Geld mit Fächern in verschiedenen Größen angeboten. Utensilos mit vielen Taschen für Kleinigkeiten kann man an die Tür oder an einen Haken hängen.

Im Kinderzimmer gelten ganz andere Kriterien. Stauraum muss nicht nur praktisch, sondern möglichst auch witzig sein. Mit niedrigen Wandhaken lernen die Kleinen leichter, ihre Kleider aufzuhängen. Und klebt man auf die Fächer einer niedrigen Kommode Bilder des jeweiligen Inhalts, wird das Aufräumen einfacher. Auf zwei kleine, fröhlich bunt lackierte Aktenschränke kann man eine Platte legen – und fertig ist ein Platz zum Malen und Spielen, an dem alles Zubehör griffbereit verstaut ist.

Der Platz am Fußende des Betts wird oft übersehen, dabei könnte man dort gut Regale für die Bettlektüre aufstellen. Die Oberfläche kann als Ablagefläche genutzt werden, sollte aber zur Schlafenszeit freigeräumt werden.

Stauraum rund ums Bett

- In einem größeren Schlafzimmer kann ein tieferes Kopfteil in eine Regalwand integriert werden.
- Was unter dem Bett verstaut wird, sollte zum Schutz vor Staub immer abgedeckt werden.
- Alte Koffer und Truhen vom Antiquitätenhändler bieten viel Platz und können am Fußende oder neben dem Bett originell aussehen.

Rings ums Bett lässt sich allerlei Stauraum schaffen. Rechts und links vom Kopfende ist meist genug Platz für ein Regal, ein Tischchen, einen Schrank oder eine Kommode im modernen oder traditionellen Stil. Auch kleine, antike Kommoden können sehr elegant aussehen. Ans Fußende passt ein offenes Regal für Bücher und Zeitschriften, darauf könnte ein Fernseher stehen. Eine Truhe oder Ottomane lässt sich so umbauen, dass ein darin verborgener Fernseher auf Knopfdruck auf Sichthöhe angehoben wird. Alte Truhen oder Koffer sehen dekorativ aus und bieten Stauraum für Decken und Bettwäsche. Wer kein Bett mit eingebauten Schubladen besitzt, kann solche Kästen auf Rollen auch nachkaufen. Achten Sie neben dem Deckel als Staubschutz auf leichtgängige Rollen.

OBEN Für das schlichte Schlafzimmer mit weißen Wänden und Holzboden ist die große Korbtruhe am Fußende eine perfekte Wahl.

RECHTS Eine moderne Variante des Alkovenbettes mit geräumigen Schubladen und eingebauten Regalen am Kopfende.

BADEZIMMER

Fortschritte in Technik und Sanitärinstallation haben Aussehen und Funktionsweise des Badezimmers verändert. Heute legt man im Bad ebenso großen Wert auf sorgfältiges Design, schöne Dekoration und gute Raumplanung wie in anderen Bereichen der Wohnung. Andererseits werden bei Neubauten heute die Bäder kleiner konzipiert als früher. All das bedeutet, dass der Stauraum im Bad optimal durchgeplant sein muss.

Wie überall im Haus haben Sie die Wahl zwischen freistehenden und eingebauten Elementen. Bei der Entscheidung spielt auch die Lage des Bades eine Rolle. Schließt es sich ans Schlafzimmer an, sollte es mit dessen Stil harmonieren. Bei einem separaten Bad haben Sie mehr Gestaltungsfreiheit. Wer einen traditionellen Wohnstil schätzt, wird auch im Bad dabei bleiben wollen. Wer zeitgemäß wohnt, mag vielleicht ein ultramodernes Bad.

Normalerweise bewahrt man im Bad zwei Arten von Dingen auf: die ansehnlichen, die man gern sieht und herzeigt, sowie die unattraktiven, die auch Gäste nicht unbedingt sehen sollen. In die erste Gruppe fallen frisch gewaschene Handtücher, schöne Accessoires und Pflegeprodukte in attraktiven Flaschen und Tiegeln. Und zur zweiten Gruppe gehört all das, was man im Bad nun einmal gebraucht, was aber nur für die eigenen Augen bestimmt ist.

GEGENÜBER LINKS In diesem Bad in frischem Blau werden attraktive Accessoires in Wandnischen aufbewahrt. Weniger Ansehnliches verschwindet in den Kästen unter dem Waschbecken.

GEGENÜBER RECHTS Um den Platz im schmalen Bad gut zu nutzen, wurden unter dem Doppelwaschtisch Schubladenelemente eingebaut.

DIESE SEITE Auf der unteren Ebene des eleganten Doppelwaschtischs aus lackiertem Holz liegen frische Handtücher griffbereit gestapelt.

REGALE UND NISCHEN

Für Dinge, die sich sehen lassen können, sind offene Regale ideal. Fürs Bad werden gern Materialien wie Glas oder Metall verwendet, denen Wasserdampf nichts anhaben kann. Holz eignet sich aber ebenso, wenn es feuchtigkeitsfest lackiert ist. Edle Flakons und Tiegel sehen auf Glasregalen an der Wand oder vor dem Fenster bezaubernd aus. Frische Handtücher könnte man in offenen Fächern unter dem Waschbecken oder in einem Hängeregal stapeln. In einem traditionell eingerichteten Bad kann auch ein alter Waschtisch als Ablage für Flaschen, Döschen und Handtücher dienen.

Wer ein Bad ganz neu ausbaut und eine Badewannenverkleidung plant, könnte an der Längsseite, an einer oder beiden Schmalseiten oder sogar ringsherum eine verbreiterte Ablage vorsehen. Eventuell können auch Wandnischen eingeplant werden, die vor allem in kleinen Bädern praktisch sind, in denen jeder Zentimeter genutzt werden muss. Beide Varianten eignen sich gut für Utensilien, die man sehen darf oder soll, obendrein bie-

OBEN Der freistehende Waschtisch mit integriertem Unterschrank ist ein kleines Platzwunder.

OBEN LINKS Im Gäste-WC wurde in einer vorgeblendeten Wand und in und auf der Verkleidung des Spülkastens Stauraum geschaffen.

GEGENÜBER Ein freistehendes Schränkchen aus den 1960er Jahren ist im gleichen Ton gestrichen wie die gerundeten Unterschränke. Die Decke ist mit schräg gestellten Parkettblöcken verkleidet.

DIESE SEITE In der kompakten Duschkabine gleich neben dem Bett war ebenso kompakter Stauraum nötig. Wandnischen für Shampoo & Co. sind so praktisch wie dekorativ.

GEGENÜBER Gleich neben der Duschkabine befindet sich ein Waschtisch, dessen Holzplatte mit dem Bodenbelag harmoniert. Glasregale auf verchromten Trägern bieten Platz für Handtücher, eine Milchglaswand schützt vor Wasserspritzern.

ten sie in einem modern-minimalistischen Bad eine diskrete Abstellfläche für Shampoo, Duschgel oder Badezusatz. Altbewährt und praktisch sind Ablagen aus Holz oder Metall, die man quer über die Wanne legt, oder kleine Hängekörbe für die Dusche.

AUS DEN AUGEN, AUS DEM SINN

Zum Aufbewahren von weniger ansehnlichen Badezimmerutensilien wird man eingebaute oder freistehende Möbel brauchen. Einbauten sind nicht nur etwas für große Bäder. Moderne Systeme sind oft flach und elegant, und sie können ein beengtes Bad sogar größer wirken lassen. Unter dem Waschbecken ist recht viel Platz, den man beispielsweise für Putzmittel und Reinigungsutensilien nutzen könnte. Wer keinen speziellen Unterschrank mit Türen kaufen will, kann ein offenes Regal verwenden und hohe Körbe oder Kästen – mit oder ohne Deckel – hineinschieben. Badezimmerschränke gibt es in verschiedenen Höhen, Hängeschränke werden von vielen Herstellern auch mit verspiegelten Türen angeboten.

Praktisch sind Truhen oder Hocker mit Stauraum für Schmutzwäsche und einer Sitzfläche auf dem Deckel, und einen Rollwagen kann man aus dem Weg schieben, wenn er gerade nicht gebraucht wird. Auch ein abschließbarer Medizinschrank ist im Bad gut untergebracht. Außerdem bieten sich hier einige weniger offensichtliche Plätze als Stauraum an. Die Verblendung des Spülkastens kann als Ablage dienen oder bis zur Decke gezogen werden. So entsteht ein Wandschrank, der mit einigen Böden und einer Tür versehen werden kann. Stattet man die Verkleidung der Badewanne oder einen Teil davon mit einer Öffnung oder Tür aus, ergibt sich ein elegantes Versteck für Putzmittelflaschen, Toilettenpapier und andere sperrige Dinge.

Früher gehörte in jeden Haushalt ein traditioneller Wäscheschrank. Heute wird man sich eher für eine moderne Variante entscheiden: einen Schrank mit Lamellentüren, durch die Luft zirkulieren kann. Einen solchen Schrank kann man leicht in eine Nische einbauen. Oder haben Sie eine hübsche, alte Anrichte? Legen Sie doch schöne Haushaltstextilien in die oberen, offenen Fächer und verstauen Sie weniger Hübsches hinter den Türen des unteren Teils!

LINKS UND RECHTS In diesem penibel aufgeräumten Arbeitszimmer wird die ganze Wand hinter dem Schreibtisch für Stauraum genutzt. Flache Schubladen nehmen den unteren Teil ein, in den offenen Regalen stehen einheitliche Holzkästen. Auch andere Behälter, vielleicht aus Metall oder Korbgeflecht, könnten gut aussehen. In jedes Regal sind drei Strahler eingelassen.

ARBEITSZIMMER

Veränderungen des Berufslebens führen dazu, dass immer mehr Menschen sich zu Hause einen Arbeitsplatz einrichten. Manchmal genügt dafür ein Eckchen, das sich für einen anderen Zweck kaum nutzen lässt. Manchmal muss es auch ein separater Raum sein. Unabhängig von Lage und Größe sind am Arbeitsplatz stets ähnliche Dinge unterzubringen: Computer, Drucker, Ordner, Büromaterial. Und wie überall in der Wohnung haben Sie die Wahl zwischen eingebauten (siehe Seite 38–47), freistehenden (siehe Seite 52–59) und mobilen Lösungen (siehe Seite 60–61). In gewisser Weise gibt aber die Lage des Arbeitsplatzes die Art des Stauraums vor. Steht nur eine Ecke im Wohnzimmer zur Verfügung, kann das »Büro im Schrank« die beste Lösung sein, das komplett hinter platzsparenden Schiebetüren verschwindet, wenn es nicht benutzt wird. Sie könnten den Arbeitsplatz andererseits auch zum Blickfang machen – mit einem modernen Schreibtisch aus Holz, Metall oder Glas sowie offenen Regalen mit Büchern und eleganten Ablagekästen. In ein traditionelles Ambiente passt ein antiker Schreibtisch, der ruhig auch etwas abgenutzt aussehen darf, und dazu ein hübsches Regal und Aufbewahrungskästen mit Stoffüberzug. Gibt es keine andere Möglichkeit für

DIESE SEITE Der kleine Schreibtisch im Schlafzimmer bietet Platz für Büroutensilien und eine ausziehbare Platte zum Ablegen von Dingen, die man am Bett braucht. Die Leuchte wird zum Lesen im Bett einfach umgedreht.

GEGENÜBER LINKS Einfach und praktisch sind die schlichten Regale, in denen einheitliche Kästen für Ordnung sorgen.

GEGENÜBER RECHTS Schreibplatte und Regal sind in eine Nische eingebaut und stören die gemütliche Atmosphäre des Wohnzimmers kaum, weil sie sich dem Stil gut anpassen.

den Arbeitsplatz als das Schlafzimmer, sollten Schreibtisch und Regale unbedingt hinter Vorhängen oder Türen versteckt werden. Es fühlt sich einfach nicht gut an, beim Schlafengehen und beim Aufwachen die Arbeit vor Augen zu haben. Ehe Sie aber den Schreibtisch ins Schlafzimmer stellen, nehmen Sie andere Bereiche unter die Lupe. Vielleicht ist unter der Treppe genug Platz. Könnten Sie in einem Zimmer mit hoher Decke eine Galerie einziehen oder den Arbeitsplatz als Raumteiler einsetzen (siehe Seite 50–51)? Findet sich gar keine Möglichkeit, schauen Sie sich nach einem Arbeitstisch auf Rollen an, den Sie jederzeit aus dem Weg schieben können. Viele Modelle verfügen über Stellflächen für Computer und Drucker sowie Ablagen für Büromaterial. Ordnung am Arbeitsplatz sieht nicht nur gut aus, sie hat auch praktische Vorteile. Aber wohin mit all den Ordnern und Büroutensilien? Weil immer mehr Menschen ein Heimbüro brauchen, werden zum Glück laufend neue, einfallsreiche Lösungen entwickelt. Da gibt es Kästen in allen Größen und Formen aus Pappe, bedrucktem Textilmaterial, Holz, Leder, Plastik und Metall – mit und ohne Deckel. Auch Aktenschränke, passend zu fast jedem Wohnstil, werden in vielen Varianten aus Holz, Metall und sogar Korbgeflecht angeboten. Gebrauchte Schreibtische, Rollladenschränke und Industrieregale haben einen eigenen Charme und sind für wenig Geld gebraucht zu bekommen.

HAUSWIRTSCHAFTSRAUM

Schätzen Sie sich glücklich, wenn Sie einen Hauswirtschaftsraum besitzen! Die meisten Menschen haben ihre liebe Mühe, Waschmaschine, Trockner, Werkzeug oder Malerutensilien in der Wohnung unterzubringen.

Die Küche ist nicht der ideale Platz für die Waschmaschine, denn nasse und trockene Textilien vertragen sich einfach nicht gut mit der Essenszubereitung. Zum Glück gibt es sinnvolle Alternativen, beispielsweise im Bad oder in einem diskreten Einbauschrank im Gäste-WC oder im Flur.

Waschmaschine und Trockner kann man platzsparend stapeln oder nebeneinander aufstellen. Moderne Kondenstrockner kommen ohne Abluftschlauch aus und müssen darum nicht an einer Außenwand stehen. Ein Einbauschrank, in dem beide Geräte übereinander Platz finden, passt in eine erstaunlich kleine Nische. Meist lässt sich sogar noch Stauraum für Waschpulver und anderes Zubehör einplanen.

Ist mehr Platz vorhanden, könnte man auch noch ein zusammengeklapptes Bügelbrett, den Staubsauger und den Wischmopp unterbringen. Und wenn Sie noch einige Unterschränke und Hängeschränke anschaffen oder ein einfaches Regal mit Wandschienen montieren, ist Ihr Hauswirtschaftsraum gut ausgestattet.

NIEMAND HAT GERN STÄNDIG DIE WÄSCHE VOR AUGEN. DARUM GILT ES, FÜR WASCHMASCHINE, TROCKNER UND SCHMUTZWÄSCHE EINEN DISKRETEN PLATZ ZU FINDEN.

OBEN LINKS Wenn man Waschmaschine und Trockner aufeinanderstellt und ringsherum Schrankfächer einbaut, lässt sich auf wenig Platz ein Hauswirtschaftsbereich schaffen.

GEGENÜBER Das gute, alte Trockengestell wird per Flaschenzug unter die Decke gezogen. Auch in einer kleinen Kammer lässt sich eine Menge Stauraum unterbringen.

Adressen der Fachhändler

Möbel für Wohnräume, Schlaf- und Arbeitszimmer

ARTEK
Eteläesplanadi 18
00130 Helsinki
Finnland
Tel.: + 3 58 / (0)9 61 32 52 77
www.artek.fi

Vertretung Deutschland:
HANDELSAGENTUR W. RIECK
Moorenweiser Straße 31a
82299 Türkenfeld
Tel.: 0 81 93 / 55 76
Fax: 0 81 93 / 55 76

Vertretung Schweiz:
M3 MÖBEL AG
Albisstrasse 131
8038 Zürich
Tel.: + 41 / (0)4 33 99 94 77
Fax: + 41 / (0)4 33 99 94 78

Vertretung Österreich:
FROST INTERNATIONAL
Spitalbergweg 38
9020 Klagenfurt
Tel.: + 43 / (0)46 34 51 92
Fax: + 43 / (0)46 34 19 94 4

B & B ITALIA
www.bebitalia.it

BERGMAN INTERIOR FASHION BEAUTY IFB GMBH
Kaiserstraße 23
60311 Frankfurt am Main
Tel.: 0 69 / 24 00 58 40
Fax: 0 69 / 24 00 58 44

BO CONCEPT
Club 8 Company A/S
Mørupvej 16
7400 Herning, Dänemark
Tel.: + 45 / (0)70 13 13 66
www.boconcept.de

BRETZ BROTHERS
Alexander-Bretz-Straße 2
55457 Gensingen
Tel.: 0 67 27 / 89 50
www.cultsofa.com

CABINET SCHRANKSYSTEME AG
Postfach 71 25
50150 Kerpen
Tel.: 0 22 75 / 92 03 60
Fax: 0 22 75 / 92 03 65
www.cabinet.de

CAIRO AG
Werner-Heisenberg-Straße 14
64823 Groß-Umstadt
Tel.: 0 18 05 / 60 05 55
www.cairo.de

CAR SELBSTBAUMÖBEL
Ellerbrookskamp 4
22397 Hamburg
Tel.: 0 40 / 6 05 00 71
Fax: 0 40 / 6 05 49 36
www.car-moebel.de

CASSINA SPA
Via L. Busnelli, 1
20036 Meda (Mailand)
Italien
Tel.: + 39 / (0)3 6 27 03 13
www.cassina.it

DOMICIL
Bäuerlinshalde 48
88131 Lindau
Tel.: 0 83 82 / 96 20 20
www.domicil.de

DOPO DOMANI
Kantstraße 148
10623 Berlin
Tel.: 0 30 / 8 82 22 42
www.dopo-domani.com

E15
E15 DESIGN UND DISTRIBUTIONS GMBH
Hospitalstraße 4
61440 Oberursel
Tel.: 0 61 71 / 9 79 50
Fax: 0 61 71 / 9 79 59 0
www.e15.com

FLÖTOTTO
Am Ölbach 28
33334 Gütersloh
Tel.: 0 52 41 / 9 40 54 21
www.efh.de

FORM EXCLUSIV
Poppenbeck 72
48329 Havixbeck
Tel.: 0 25 07 / 9 85 70
www.form-exclusiv.de

FÖRSTER & HAHN
Osterstraße 31
30159 Hannover
Tel.: 0 51 / 13 06 81 88

FRANTA
Maastrichter Straße 18
50672 Köln
Tel.: 02 21 / 52 88 55
www.franta.de

FRITZ HANSEN
Allerødvej 8
3450 Allerød Kopenhagen
Dänemark
Tel.: + 45 / (0)48 17 23 00
www.fritzhansen.com

Vertretung Deutschland:
PETRA MATANIC SALES REPRESENTATIVE
Erftstraße 8
40219 Düsseldorf
Tel.: 02 11 / 3 83 09 71
Fax: 02 11 / 3 83 09 73
www.fritzhansen.com/de

Vertretung Österreich
Vertriebsleitung
Aigelsbrunn 32
5204 Strasswahlchen
Fax: + 43 / (0)6 21 52 04 45

FROMMHOLZ MÖBEL
Industriezentrum 14–20
32139 Sprenge
Tel.: 0 52 25 / 8 77 50
www.frommholz.de

GUNTHER LAMBERT
Konstantinstraße 303
41238 Mönchengladbach
Tel.: 01 80 / 5 00 95 95
www.lambert-home.de

HABITAT
www.habitat.de

HEINRICH EGGERT IMPORT
Shaker Heritage
Loogestraße 6
20249 Hamburg
Tel.: 0 40 / 4 60 41 94
www.eggert-import.de

HÜLSTA
48702 Stadtlohn
Tel.: 0 25 63 / 12 73
www.huelsta.de

IKEA DEUTSCHLAND
www.ikea.de

KNOLL INTERNATIONAL GMBH
Gottlieb-Daimler-Straße 35
71711 Murr
Tel.: 0 71 44 / 20 10
Fax: 0 71 44 / 20 12 11
www.knoll.com

KOINOR
96247 Michelau
Fax: 0 95 71 / 8 37 03
www.koinor.de

KORNMÜLLER
3351 Weistrach
Österreich
Tel.: + 43 / (0)7 47 74 23 47
Fax: + 43 / (0)7 47 74 23 47 22
www.kornmüller.at

LAURA ASHLEY
Tel.: + 44 / (0)87 19 83 59 99
www.lauraashley.com

LUTHI & RICCIO
15 rue Adrien-Lachenal
1207 Genf
Schweiz
Tel.: + 41 / (0)2 16 01 01 88

MOOOI
Agent für Deutschland
NEUMANN VERTRIEBSAGENTUR OHG
Merowingerstraße 39
40223 Düsseldorf
Tel.: 02 11 / 34 40 21
Fax: 02 11 / 31 44 00
www.moooi.nl

OCTOPUS HANDELS-GMBH
Lehmweg 10b
20251 Hamburg
Tel.: 0 40 / 4 20 11 00
Fax: 0 40 / 4 20 12 00
www.octopos-versand.de

PAPERCHASE
Tel.: + 44 / (0)16 18 39 15 00
www.paperchase.co.uk

PHILIPP PLEIN
Hebelstraße 2
90491 Nürnberg
Tel.: 09 11 / 59 90 67
www.philipp-plein.com

RAPSEL GMBH
Vogelsangstraße 31
82178 Puchheim
Tel.: 0 89 / 8 00 66 10
www.rapsel.com

ROCHE BOBOIS
Berliner Allee 59
40212 Düsseldorf
Tel.: 02 11 / 8 63 26 40
www.roche-bobois.de

ROSET MÖBEL GMBH
Postfach 12 30
79191 Gundelfingen
Tel.: 07 61 / 59 20 90
www.ligne-roset.de

SKANBO-KIEFER SHOP GMBH
Im Gleisdreieck 17
23566 Lübeck / Wesloe
Tel.: 04 51 / 61 05 30
www.skanbo.de

STOKKE GMBH
Ziegelstraße 20–24
71063 Sindelfingen
Tel.: 0 70 31 / 61 15 80
Fax: 0 70 31 / 61 15 86 0
www.stokke.de

THE IRON BED COMPANY
Hochstraße 15
60313 Frankfurt am Main
Tel.: 0 18 05 / 21 45 47
www.BedCompany.de

THONET GMBH
Michael-Thonet-Straße 1
35066 Frankenberg
www.thonet.de

VINCENT SHEPPARD
über Omniform
33419 Harsewinkel
Tel.: 0 52 47 / 92 50 00
www.vincentsheppard.com

VOGLAUER MÖBEL
5441 Abtenau
Österreich
Tel.: + 43 / (0)6 24 32 70 00
www.voglauer.com

WK WOHNEN
Föhrengrund 12
21224 Rosengarten
Tel.: 07 11 / 9 90 60
www.wkwohnen.de

KÜCHE

ALLMILMÖ
Postfach 11 80 SW
97470 Zeil am Main
Fax: 0 95 24 / 99 25
www.allmilmoe.de

ALNO AG
Deutschland
Heiligenberger Straße 47
88629 Pfullendorf
Tel.: 0 75 52 / 2 10
Fax: 0 75 52 / 21 31 20
www.alno.de

ALNO ÖSTERREICH
Eitelbergerstraße 24
1130 Wien
Österreich

ALNO SCHWEIZ AG
Hardhofstrasse 15
8424 Embrach
Schweiz
Tel.: + 41 / (0)18 76 05 55
Fax: + 41 / (0)18 76 05 45

ARC LINEA - TECHNOLOGIA
CREATIVA
Ernst-Abbe-Straße 11
56070 Koblenz
Tel.: 02 61 / 88 42 80
Fax: 02 61 / 80 57 93
www.arclinea.it

BAU-FOR-MAT KÜCHEN
Kattwinkel 1
32584 Löhne
Tel.: 0 57 32 / 10 20
www.bauformat.de

BAX-Küchen GmbH
Westerfeldstraße 5
32758 Detmold
Tel.: 0 52 31 / 6 00 70
www.bax-kuechen.de

BINOVA
über Küchen Libertà
Frankenstraße 147
45134 Essen
Tel.: 02 01 / 4 30 81 81
Fax: 02 01 / 4 30 81 82
www.liberta.de

BRINKMEIER SYSTEM FORM
KÜCHEN GMBH & CO. KG
Industriestraße 62
32289 Rödinghausen
Tel.: 0 52 26 / 98 10
www.brinkmeier-kuechen.de

BULTHAUP GMBH & CO.
Werkstraße 6
84153 Aich
Tel.: 0 87 41 / 8 00
Fax: 0 87 41 / 8 03 09
www.bulthaup.de

BURGER KÜCHENMÖBEL
Martin-Luther-Straße 31
39288 Burg
Tel.: 0 39 21 / 9 60
www.bauformat.de

CABINET SCHRANKSYSTEME AG
Postfach 71 25
50150 Kerpen
Tel.: 0 22 75 / 92 03 60
Fax: 0 22 75 / 92 03 65
www.cabinet.de

CAIRO AG
Werner-Heisenberg-Straße 14
64823 Groß-Umstadt
Tel.: 0 18 05 / 60 05 55
www.cairo.de

CAR SELBSTBAUMÖBEL
Ellerbrookskamp 4
22397 Hamburg
Tel.: 0 40 / 6 05 00 71
Fax: 0 40 / 6 05 49 36
www.car-moebel.de

DAS KÜCHENREICH
ROHRMANN GMBH
Hofweg 47
22085 Hamburg-Uhlenhorst
Tel.: 0 40 / 2 27 43 20
Fax: 0 40 / 22 74 32 12

DOMICIL
Bäuerlinshalde 48
88131 Lindau
Tel.: 0 83 82 / 96 20 20
Fax: 0 83 82 / 96 20 99

DROSS & SCHAFFER KÜCHEN
Finninger Straße 60
89231 Neu-Ulm
Tel.: 07 31 / 9 72 38 20
Fax: 07 31 / 9 72 38 23

GEORG MAYER
Kücheneinrichtungen
Ebertallee 20
22607 Hamburg-Othmarschen
Tel.: 0 40 / 38 61 06 33
www.hans-georg-mayer.de

GUSTAV WELLMANN
GMBH & CO. KG
Bustedter Weg 16
32130 Enger
Tel.: 0 52 23 / 16 50
www.wellmann.de

HABITAT
www.habitat.de

HAGEN GROTE
Gahlingspfad 53
47803 Krefeld
Tel.: 0 21 51 / 60 70 90
Fax: 0 21 51 / 60 70 99
www.besserkochen.de

HEINRICH EGGERT IMPORT
SHAKER HERITAGE
Loogestraße 6
20249 Hamburg
Tel.: 0 40 / 4 60 41 94
Fax: 0 40 / 4 60 24 70

IKEA
www.ikea.de

KORNMÜLLER
3351 Weistrach
Österreich
Tel.: + 43 / (0)7 47 74 23 47
Fax: + 43 / (0)7 47 74 23 47 22
www.kornmueller.at

KÜCHEN-ART
Nadorster Straße 108
26123 Oldenburg
Tel.: 04 41 / 8 85 20 98
Fax: 04 41 / 8 85 20 97
www.kuechen-art.de

LAMBERT GMBH
Konstantinstraße 303
41238 Mönchengladbach
Tel.: 01 80 / 5 00 95 95
www.lambert-home.de

LEICHT KÜCHEN AG
Postfach 60
73548 Waldstetten
Tel.: 0 71 71 / 40 20
Fax: 0 71 71 / 40 23 00
www.leicht.de
Einbauküchen

MFK KÜCHENDESIGN
Laurinweg 4
85521 Ottobrunn
Tel.: 0 89 / 60 86 02 23
Fax: 0 89 / 62 98 71 19

OCTOPUS HANDELS-GMBH
Lehmweg 10b
20251 Hamburg
Tel.: 0 40 / 4 20 11 00
Fax: 0 40 / 4 20 12 00
www.octopos-versand.de

POGGENPOHL MÖBELWERKE GMBH
Poggenpohlstraße 1
32051 Herford
Tel.: 0 52 21 / 38 10
Fax: 0 52 21 / 38 13 21
www.poggenpohl.de

RATIONAL EINBAUKÜCHEN GMBH
Postfach 11 20
49310 Melle
Tel.: 0 52 26 / 5 80
Fax: 0 52 26 / 5 82 12
www.rational.de

ROBINSON & CORNISH OHG
Gewerbestraße 4
32339 Espelkamp
Tel.: 0 57 43 / 92 99 40
Fax: 0 57 43 / 92 99 49

ROLF KLUTZ EINBAUKÜCHEN & KÜCHENTECHNIK
Bahnhofstraße 17a
23758 Oldenburg in Holstein
Tel.: 0 43 61 / 47 47
www.kuechenspeicher.de

ROTPUNKT RABE & MEYER KÜCHEN GMBH & CO. KG
Ladestraße 52
32257 Bünde
Tel.: 0 52 23 / 6 90 00
www.rotpunkt-kuechen.de

SIEMATIC MÖBELWERKE GMBH & CO.
Postfach 15 55
32582 Löhne
Tel.: 0 57 32 / 6 70
Fax: 0 57 32 / 6 72 97
www.siematic.de

TEAM 7
Postfach 73 29
94054 Packing
Tel.: 0 77 52 / 97 71 46

Vertretung Österreich:
Braunauer Straße 26
4910 Ried

Vertretung Schweiz:
Mugerenmatt 33
6330 Cham

THE CONRAN SHOP
www.conranshop.co.uk

TIELSA KÜCHEN GMBH
Industriestraße 14–18
32108 Bad Salzuflen

TÖLZER MÖBELWERKSTÄTTEN
83623 Einöd
Tel.: 0 80 27 / 10 42
Fax: 0 80 27 / 3 35

WOOD, STEEL & MORE
Postfach 11 48
22947 Ammersbek
Tel.: 0 40 / 60 56 11 92
Fax: 0 40 / 60 56 11 91

ZEYKO MÖBELWERK GMBH & CO. KG
Am Föhrenwald 1
78087 Mönchweiler
Tel.: 0 77 21 / 94 20
Fax: 0 77 21 / 94 22 22
www.zeyko.de

BADEZIMMER

AGAPE
Via Po Barna, 69
46031 Correggio Micheli di Bagnola San Vito (Mailand)
Italien
Tel.: + 39 / (0)3 76 25 03 11
www.agapedesign.it

ALAPE GMBH
Am Gräbicht 1–9
38644 Goslar
Tel.: 0 53 21 / 55 80
www.alape.de

ALESSI
Via Privata Alessi,
28882 Crusinallo-Omega
Italien
Tel.: + 39 / (0)3 23 8 68 11
www.alessi.it

ALOYS F. DORNBRACHT GMBH & CO. KG
Köbbingser Mühle 6
58640 Iserlohn
Tel.: 0 23 71 / 43 30
Fax: 0 23 71 / 46 62 32
www.dornbracht.com/de

ANTONIO LUPI DESIGN S.P.A.
Via Mazzini, 73/75
50050 Stabbia
Cerreto Guidi (Florenz)
Italien
Tel.: + 39 / (0)5 71 58 68 81
www.antoniolupi.it

BADEA BADMÖBEL
Martin-Luther-Straße 31
39288 Burg
Tel.: 0 39 21 / 97 60
www.bauformat.de

BÄDERPARADIES BEHREND
Heinickestraße 2–6
20249 Hamburg
Tel.: 0 40 / 4 80 60 30

BATH & HOME
Fedelhören 12–13
28203 Bremen
Tel.: 04 21 / 32 66 99

BOFFI
Via Oberdan, 70
20030 Lentate sul Seveso, Mailand, Italien
Tel.: + 39 / (0)3 62 53 41
www.boffi.com

BURGBAD AG
Bad Fredeburg
Kirchplatz 10
57392 Schmallenberg
Tel.: 0 29 74 / 9 61 70
www.burgbad.de

CAIRO AG
Werner-Heisenberg-Straße 14
64823 Groß-Umstadt
Tel.: 0 18 05 / 60 05 55
www.cairo.de

CORIAN
DuPont de Nemours GmbH
Du-Pont-Straße 1
61352 Bad Homburg
Tel.: 08 00 / 1 81 00 18
www.dupont.com
Kompositmaterialien für Feuchträume

DECOR WALTHER EINRICHTUNGS GMBH
Bettinastraße 72
63067 Offenbach am Main
Tel.: 0 69 / 2 72 27 90
www.decor-walther.de

DORNBRACHT
Köbbingser Mühle 6
58640 Iserlohn
Tel.: 0 23 71 / 43 30
www.dornbracht.com/de

DURAVIT
Werderstraße 36
78132 Hornberg
Tel.: 0 78 33 / 7 00
www.duravit.de

DUSCHOLUX
D+S Sanitärprodukte
Industriestraße 1
69198 Schriesheim
Tel.: 0 62 03 / 10 20
www.duscholux.de

EMCO BAD GMBH & CO. KG
Hessenweg 53
Postfach 18 60
49811 Lingen
Tel.: 05 91 / 9 14 00
www.emco.de

FRANKE GMBH
Mumpferfährstraße 70
79713 Bad Säckingen
Tel.: 0 77 61 / 5 20
www.franke.de

GEORG GONSIOR HEIZUNG-SANITÄR
Bessemerstraße 9
42551 Velbert
Tel.: 0 20 51 / 29 53 71
www.hsk-24.com

HANSGROHE
Auestraße 5–9
77761 Schiltach
Tel.: 0 78 36 / 5 10
www.hansgrohe.de

HIGHTECH DESIGN PRODUCTS AG
Landsberger Straße 146
80339 München
Tel.: 0 89 / 5 40 94 50
Fax: 0 89 / 50 60 09
www.hightech.ag

HOESCH DESIGN GMBH
Postfach 10 04 24
52304 Düren
Tel.: 0 24 22 / 5 40
Fax: 0 24 22 / 67 93
www.hoesch.de

HÜPPE GMBH & CO.
Industriestraße 3
26158 Bad Zwischenahn
Tel.: 0 44 03 / 6 70
www.hueppe.net

IBERO ALCORENSE
CASTELLÓN
12110 Alcora
Spanien
Tel.: + 34 / (0)6 49 64 36 75 36
www.iberoalcorense.com

IDEAL STANDARD
Postfach 18 09
53008 Bonn
Tel.: 02 28 / 52 10
www.idealstandard.de

JADO DESIGN
ARMATUR & BESCHLAG KG
Paul-Ehrlich-Straße 5
63322 Rödermark
Tel.: 0 60 74 / 8 96 01
www.jado.de

K. JOCKERS GMBH
Siemensstraße 16
67454 Hassloch
Tel.: 0 63 24 / 9 24 30
www.jockers.de

KALDEWEI GMBH
Beckumer Straße 33–35
59229 Ahlen
Tel.: 0 23 82 / 78 50
www.kaldewei.com/de

KERAMAG
Kreuzer Kamp 11
40878 Ratingen
Tel.: 0 21 02 / 91 60
www.keramag.de

KEUCO GMBH & CO. KG
Oesestraße 36
58675 Hermer
Tel.: 0 23 72 / 90 40
www.keuco.de

KOHLER GMBH
Holtdarde 30
45739 Oer-Erkenschwick
Tel.: 0 23 68 / 91 87 87
www.kohlerco.de

KORALLE SANITÄRPRODUKTE
Hollwieser Straße 45
32603 Vlotho
Tel.: 0 57 33 / 1 40
www.koralle.de

L'OCCITANE DEUTSCHLAND
Carl-Zeiss-Straße 3
63755 Alzenau
Tel.: 01 80 / 5 33 20 33
www.loccitane.net

MAGÖ MÖBEL
Soßmarer Straße 11
31249 Hohenhameln
Tel.: 051 28 / 40 04 76
www.magomobel.de

MARMOR-ZIMMERMANN
Am Mühlanger 6
86637 Wertingen
Tel.: 0 82 72 / 24 34

MISSEL GMBH & CO.
Postfach 16 71
70706 Fellbach / Stuttgart
Tel.: 07 11 / 5 30 80
Fax: 07 11 / 5 30 81 28
www.missel.de

NEVOBAD GMBH & CO.
HANDELS KG
Agnes-Huenninger-Straße 2–4
36041 Fulda
Tel.: 06 61 / 8 33 80
www.nevobad.de

NICOL-MÖBEL
Vertriebs-GmbH & Co.
Wohnbadausstattungs-KG
Ostring 48–50
34277 Fuldabrück
Tel.: 05 61 / 58 09 80
www.nicol.de

RAPETTI
Hohenstaufenstraße 1a
65189 Wiesbaden
Tel.: 06 11 / 77 80 90

REUTER BAD & HEIZUNG GMBH
Gewerbering 2
41372 Niederkrüchten
www.reuter-badshop.de

ROCA GMBH
Feincheswiese 17
56424 Staudt
Tel.: 0 26 02 / 9 36 10
www.roca.es

RUBINETTERIE RITMONIO SRL
4 via Indren, Zona Ind.
Roccapietra
13019 Varallo, Italien
Tel.: + 39 / (0)1 63 56 00 00
Fax: + 39 / (0)1 63 56 01 00
www.ritmonio.it

SAM VERTRIEBS GMBH
Postfach 28 53
58688 Menden
Tel.: 0 23 73 / 90 90 00
www.sam.de

SANIBAY POOL GMBH
Bachstraße 126
56566 Neuwied
Tel.: 0 26 22 / 9 07 98 44
Fax: 0 26 22 / 9 07 98 43
www.sanibay.de

STREICHELEINHEITEN
FÜR DAS BAD
Essener Straße 97
22419 Hamburg
Tel.: 0 40 / 5 27 96 73

TAP COMPANY GMBH
Bonner Straße 211
50968 Köln
Tel.: 02 21 / 9 52 28 28

TEUCO DEUTSCHLAND GMBH
Bunsenstraße 5
82152 Planegg-Martinsried
Tel.: 0 89 / 89 54 13 30
www.teuco.de

VILLEROY & BOCH
Postfach 11 22
66688 Mettlach
Tel.: 0 68 64 / 81 15 00
www.villeroy-boch.de

WELL & FIT
Goethestraße 12
69514 Laudenbach
Tel.: 0 62 01 / 47 07 04
Fax: 0 62 01 / 49 30 78
Mobil: 01 60 / 90 28 05 80
www.wellandfit.de

ZACK GMBH
Im Hegen 5
22113 Oststeinbek
Tel.: 0 40 / 7 13 74 60
www.zack-style.de

Adressen der Architekten und Designer

1100 ARCHITECT
435 Hudson Street
New York
New York 10014
USA
Tel.: + 1 / (0)2 12 6 45 10 11
www.1100architect.com

ABRAHAM & THAKORE
LIMITED
D351 Defence Colony
New Delhi 110024
Indien
Tel.: + 91 / (0)11 6 99 37 14
www.abrahamandthakore.com

ABSTRAKT ARCHITECTS
8 rue d'Enghien
75010 Paris
Frankreich
Tel.: + 33 / (0)1 40 22 93 09

ADJAYE ASSOCIATES
23–28 Penn Street
London N1 5DL
Großbritannien
Tel.: + 44 / (0)20 77 39 49 69
www.adjaye.com

AGNÈS EMERY
12 rue de Lausanne
10060 Brüssel
Belgien
Tel.: + 32 / (0)2 5 38 21 34
www.emeryetcie.com

ALEX VAN DE WALLE
Vlaamsesteenweg 3
1000 Brüssel
Belgien
Tel.: + 32 / (0)4 77 80 66 76

ANDREA TRUGLIO
Via del Corso, 75
00186 Rom
Italien
Tel.: + 39 / (0)6 3 61 18 36

ANDRÉE PUTMAN
83 avenue Denfert-Rochereau
75014 Paris
Frankreich
Tel.: + 33 / (0)1 55 42 88 55
www.andreeputman.com

ANDREW WEAVING
Century Design
68 Marylebone High Street
London W1U 5JH
Großbritannien
Tel.: + 44 / (0)20 74 87 51 00

ANTHONY COCHRAN
Tel.: +1 / (0)2 12 5 29 14 00
www.qcollection.com

ASFOUR GUZY ARCHITECTS
594 Broadway
Suite 1204
New York
New York 10012
USA
Tel.: +1 / (0)2 12 3 34 93 50
www.asfourguzy.com

ATELIER D'ARCHITECTURE
M FRISENNA SCPL
15 rue de Verviers
4020 Lüttich
Belgien
Tel.: + 32 / (0)4 341 57 86

AUDREY MATLOCK
ARCHITECTS
141 West Broadway
New York
New York 10013
USA
Tel.: + 1 / (0)2 12 267 23 78
www.audreymatlock.com

AZMAN ARCHITECTS
18 Charlotte Road
Shoreditch
London EC2A 3PB
Großbritannien
Tel.: + 44 / (0)20 77 39 81 81
www.azmanarchitects.com

BLACK KOSLOFF KNOTT
ARCHITECTS
Level 9
180 Russell Street
Melbourne
Victoria 3000
Australien
Tel.: + 61 / (0)3 96 71 45 55
www.b-k-k.com.au

BRUCE BIERMAN DESIGN INC
29 West 15th Street
New York
New York 10011
USA
Tel.: +1 / (0)2 12 243 19 35
www.biermandesign.com

CHARLES RUTHERFOORD
51 The Chase
London SW4 0NP
Großbritannien
Tel.: + 44 / (0)20 76 27 01 82
www.charlesrutherfoord.net

COLLETT-ZARZYCKI
ARCHITECTS & DESIGNERS
Fernhead Studios
2b Fernhead Road
London W9 3ET
Großbritannien
Tel.: + 44 / (0)20 89 69 69 67
www.collett-zarzycki.com

CURTIS WOOD ARCHITECTS
23-28 Penn Street
London N1 5DL
Großbritannien
Tel.: + 44 / (0)20 76 84 14 00
www.curtiswoodarchitects.com

DAVID GILL GALLERY
3 Loughborough Street
London SE11 5RB
Großbritannien
Tel.: + 44 / (0)20 77 93 11 00
www.davidgillgalleries.com

DIAMOND BARATTA DESIGN
INC
270 Lafayette Street
New York
New York 10012
USA
Tel.: +1 / (0)2 12 9 66 88 92
www.diamondbarattadesign.com

DOMINIQUE PICQUIER
10 rue Charlot
75003 Paris
Frankreich
Tel.: + 33 / (0)1 42 72 33 32
www.dominiquepicquier.com

DOWNTOWN GROUP
236 West 27th Street 701
New York
New York 10001
USA
Tel.: +1 / (0)2 12 6 75 95 06
www.downtowngroup.com

DRAKE DESIGN ASSOCIATES
315 East 62nd Street, 5th Floor
New York
New York 10021
USA
Tel.: +1 / (0)2 12 754 30 99
www.drakedesignassociates.com

EMMANUEL RENOIRD
4 rue de Phalsbourg
75017 Paris
Frankreich
Tel.: + 33 / (0)1 45 56 99 24
www.emmanuelrenoird.com

ÉRIC GIZARD ASSOCIÉS
14 rue Crespin du Gast
75001 Paris
Frankreich
Tel.: + 33 / (0)1 55 28 38 58
www.gizardassocies.com

FAHRENHEIT S.A.
130b Avenue Louise
1050 Brüssel
Belgien
Tel.: + 32 / (0)2 6 44 28 00
www.fahrenheithome.com

FEBO DESIGNS
Foxcombe
South Hartin
Petersfield GU31 5PL
Großbritannien
Tel.: + 44 / (0)17 30 82 50 41

FOUGERON ARCHITECTURE
431 Tehama Street
Suite 1
San Francisco
California 94103
USA
Tel.: +1 / (0)4 15 6 41 57 44
www.fougeron.com

FRANÇOIS MARCQ
8 rue Fernand Neuray
1050 Brüssel
Belgien
Tel.: +32 / (0)2 513 13 28

FRED COLLIN
Bransdale Lodge
York YO62 7JL
Großbritannien
Tel.: + 44 / (0)17 51 43 11 37

FRÉDÉRIC MÉCHICHE
14 rue Saint Croix de la
Bretonnerie
75004 Paris
Frankreich
Tel.: + 33 / (0)1 42 78 78 28

GALERIE YVES GASTOU
12 rue Bonaparte
75006 Paris
Frankreich
Tel.: + 33 / (0)1 53 73 00 10
www.galerieyvesgastou.com

HALSTEAD DESIGNS
INTERNATIONAL
9 Warwick Square
London SW1V 2AA
Großbritannien
Tel.: + 44 / (0)20 78 34 25 11
wwwdhalstead.com

HEIBERG CUMMINGS DESIGN
9 West 19th Street
3rd Floor
New York
New York 10011
USA
Tel.: +1 / (0)2 12 3 37 20 30
www.hcd3.com

IPL INTERIORS
Dominique Lubar
Unit 28C1
Thames House
140 Battersea Park Road
London SW11 4NY
Großbritannien
Tel.: + 44 / (0)20 76 22 30 09

JAMES GORST ARCHITECTS
The House of Detention
Clerkenwell Close
London EC1R 0AS
Großbritannien
Tel.: + 44 / (0)20 73 36 71 40
www.jamesgorstarchitects.com

JAMES MOHN DESIGN
245 West 29th Street
Suite 504
New York
New York 10001
USA
Tel.: +1 / (0)2 12 4 14 14 77
www.jamesmohndesign.com

JANE CHURCHILL FABRICS
Tel.: + 44 / (0)20 88 74 64 84
www.janechurchill.com

JEAN-DOMINIQUE BONHOTAL
12 rue Alfred de Vigny
75008 Paris
Frankreich
Tel.: + 33 / (0)1 56 79 10 80

JEAN-MARC VYNCKIER
49 rue Daubenton
59100 Roubaix
Frankreich
Tel.: + 33 / (0)3 20 27 86 59

JOHANN SLEE
Slee Architects & Interiors
32 Pallinghurst Road
Westcliff 2193
Südafrika
Tel.: + 27 / (0)11 6 46 99 35
www.slee.co.za

JOHN BARMAN INC
500 Park Avenue
Suite 21a
New York
New York 10022
USA
Tel.: + 1 / (0)2 12 8 38 94 43
www.barman.com

JOHN PAWSON
Unit B
70-78 York Way
London N1 9AG
Großbritannien
Tel.: + 44 / (0)20 78 37 29 29
www.johnpawson.com

JOHNNY GREY LIMITED
Fyning Copse
Rogate
Nr Petersfield
Hampshire GU31 5DH
Großbritannien
Tel.: + 44 / (0)17 30 82 14 24
www.johnnygrey.com

KARI LAPPALAINEN
Tel.: + 358 / (0)9 6 80 18 28
www.karilappalainen.com

KARIM EL ACHAK ARCHITECT
7 rue de la Liberté
Marrakesch
Marokko
Tel.: + 212 / (0)44 44 73 13

KARIM RASHID INC
357 West 17th Street
New York
New York 10011
USA
Tel.: +1 / (0)2 12 9 29 86 57
www.karimrashid.com

KELLY HOPPEN INTERIORS
2 Munden Street
London W14 0RH
Großbritannien
Tel.: + 44 / (0)20 74 71 33 50
www.kellyhoppen.com

LEONARDO CHALUPOWICZ
3527 Landa Street
Los Angeles
California 90039
USA
Tel.: +1 / (0)3 23 6 60 82 61
www.chalupowicz.com

MARC PROSMAN ARCHITECTEN BV
Overtoom 197
1054 HT Amsterdam
Niederlande
Tel.: + 31 / (0)20 4 89 20 99
www.prosman.nl

MARK WILKINSON
Overton House
High Street
Bromham
Nr Chippenham
Wiltshire SN15 2HA
Großbritannien
Tel.: + 44 / (0)13 80 85 00 04
www.mwf.com

MARTIN BRUDNIZKI DESIGN STUDIO
Unit 2N
Chelsea Reach
79–89 Lots Road
London NW10 0RN
Großbritannien
Tel.: + 44 / (0)20 73 76 75 55
www.mbds.net

MAXIME D'ANGEAC ARCHITECTE
41 rue Puchet
75017 Paris
Frankreich
Tel.: + 33 / (0)1 53 11 01 82

MIMMI O'CONNELL
Tel.: + 44 / (0)20 75 89 48 36
www.mimmimioconnell.com

NEXT ARCHITECTS
Weesperzijde 93
1091 EK Amsterdam
Niederlande
Tel.: + 31 / (0)20 4 63 04 63
www.nextarchitects.com

OGAWA DEPARDON ARCHITECTS
137 Varick Street 404
New York
New York 10013
USA
Tel.: +1 / (0)2 12 6 27 73 90
www.oda-ny.com

PAMPLEMOUSSE DESIGN INC
12 Charles Street
Suite 6D
New York
New York 10014
USA
Tel.: +1 / (0)2 12 7 41 00 73
www.pamplemoussedesign.com

PAOLO BADESCO
5 Viale di Porta Vercellina
20123 Mailand
Italien
Tel.: +39 / (0)24 10 07 37
www.paolobadesco.it

RIOS CLEMENTI HALE STUDIOS
6824 Melrose Avenue
Los Angeles
California 90038
USA
Tel.: + 1 / (0)3 23 6 34 92 20
www.rios.com

SALLY SIRKIN LEWIS
J Robert Scott
500 North Oak Street
Inglewood
California 90302
USA
Tel.: + 1 / (0)8 77 2 07 51 36
www.jrobertscott.com

SEIBERT ARCHITECTS PA
325 Central Avenue
Sarasota
Florida 34236
USA
Tel.: +1 / (0)9 41 3 66 91 51
www.seibertarchitects.com

SELLDORF ARCHITECTS
62 White Street
New York
New York 10012
USA
Tel.: +1 / (0)2 12 2 19 95 71
www.selldorf.com

SETH STEIN ARCHITECTS
15 Grand Union Centre
West Row
London W10 5AS
Großbritannien
Tel.: + 44 / (0)20 89 68 85 81
www.sethstein.com

SHELTON, MINDEL & ASSOCIATES
143 West 20th Street
New York
New York 10011
USA
Tel.: +1 / (0)2 12 2 43 39 39
www.sheltonmindel.com

SMITH CARADOC-HODGKINS ARCHITECTS
43 Tanner Street
London SE1 3PL
Großbritannien
Tel.: + 44 / (0)20 74 07 07 17
www.sch-architects.com

STEPHEN ROBERTS INC
Fourth Floor
250 West Broadway
New York
New York 10013
USA
Tel.: +1 / (0)2 12 9 66 69 30
www.stephenroberts.com

STEVEN EHRLICH FAIA
10865 Washington Boulevard
Culver City
California 90232
USA
Tel.: +1 / (0)3 10 8 38 97 00
www.s-ehrlich.com

STILES WILSON INC
83 Cocoanut Avenue
Sarasota
Florida 34236-5613
USA
Tel.: +1 / (0)9 41 3 66 82 82

THAD HAYES DESIGN INC
80 West 40th Street
New York
New York 10018
USA
Tel.: + 1 / (0)2 12 5 71 12 34
www.thadhayes.com

THOMAS KJAERHOLM
Rungstedvej 86
2960 Rungsted Kyst
Dänemark
Tel.: + 45 / (0)45 76 56 56
www.kjaerholms.dk

TRISTAN AUER
5a Cour de la Métaine
75020 Paris
Frankreich
Tel.: + 33 / (0)1 43 49 57 20

VICENTE WOLF
333 West 39th Street
10th Floor
New York
New York 10018
USA
Tel.: + 1 / 0)2 12 4 65 05 90
www.vicentewolf.com

WELLS MACKERETH ASSOCIATES
Unit 14 Archer Street Studios
10–11 Archer Street
London W1D 7AZ
Großbritannien
Tel.: + 44 / (0)20 72 87 55 04
www.wellsmackereth.com

WHITE SENSE
Tegnergatan 9
113 40 Stockholm
Schweden
Tel.: + 46 / (0)70 7 17 57 00
www.whitesense.com

WILLIAM YEOWARD
270 Kings Road
London SW3 5AW
Großbritannien
Tel.: + 44 / (0)20 73 49 78 28
www.williamyeoward.

Bildnachweis

Ken Hayden 16, 40 links, 42–43, 54–55, 73 rechts, 77 oben rechts, 77 Mitte rechts, 77 unten links, 80–81, 88–89, 114–115, 116–117, 130, 130–131

Vincent Knapp 126 rechts

Ray Main/Mainstreamimages 35, 124 links

Photozest/Inside/B Claessens 124 rechts, Photozest/Inside/H&L/J De Villiers 129

Lucinda Symons 46, 69 oben

Frederic Vasseur 6 rechts, 34 links, 51 rechts, 52 oben, 82 oben, 86 rechts, 121, 133

Fritz von der Schulenberg 87 oben

Simon Upton 3 links & rechts, 4, 7, 11 Mitte links & rechts, 11 unten links & rechts, 15 unten, 19, 20, 21, 29 oben links, 29 Mitte links & rechts, 29 unten links & rechts, 30, 37 oben & Mitte, 45, 47, 52 unten, 53, 54, 55 unten, 56, 57, 58, 64, 66, 68, 69 unten, 70, 71, 76 Mitte links, 77, 82 unten, 83, 86 links, 87 unten, 94, 96 links, 96 unten rechts, 98 unten, 99, 103 oben, 104–105, 105, 109 unten, 112, 118, 120 rechts, 123 links, 123 rechts, 127

Alex Wilson 2, 11 oben rechts, 72, 100 oben links, 100 unten links, 101

Andrew Wood 1, 3 Mitte, 5, 8–9, 11 oben links, 12–14, 15 oben, 17, 18, 22–27, 29 oben rechts, 31, 32–33, 34 rechts, 37 Mitte rechts, 37 unten, 38–39, 40 rechts, 41, 43, 44, 48, 49, 50, 51 links, 55 oben, 59, 60, 60–61, 62–63, 65, 67, 73 links, 74–75, 77 oben links, 77 unten rechts, 78–79, 82 unten, 84–85, 90–91, 92–93, 95, 96 oben rechts, 97, 98 oben, 98 unten, 100 oben & unten rechts, 102, 103 unten, 106–107, 108, 110–111, 113, 114, 116 links, 117, 119, 120 links, 122, 125, 126 links, 128, 132, 134–135

Nachweis der Locations

2 Designer Johnny Grey; 3 links Designer David Gill; 3 Mitte Designer Sally Mackereth von Wells Mackereth; 3 rechts Wohnung, ausgestattet mit Stoffen von Jane Churchill; 4 Wohnung, ausgestattet mit Stoffen von Jane Churchill; 5 Mr & Mrs Boucquiaus Haus in Belgien gestaltet von Marina Frisenna; 6 rechts Nina Gustafssons Haus in Schweden; 7 Alex van de Walles Wohnung in Brüssel; 8–9 Haus in Victoria gestaltet von Black, Bosloff Knott; 11 oben links Marina & Ivan Ritossas Boffi-Küche gestaltet von Alternative Plans; 11 oben rechts Designer Johnny Grey; 11 Mitte links Carefree & Figlar; 11 Mitte rechts Wohnung, ausgestattet mit Stoffen von Jane Churchill; 11 unten links Wohnung, ausgestattet mit Stoffen von Jane Churchill; 11 unten rechts Daniel Rozensztrochs Wohnung in Paris; 12 links Shane/Cooper Residence, New York, gestaltet von 1100 Architect; 12 rechts Haus in Amsterdam gestaltet von Marc Prosman Architecten BV; 13 Hilpert Residence, San Francisco gestaltet von Ogawa Depardon Architects; 14 Haus in Delhi gestaltet von Abraham & Thakore; 15 oben Richard & Lucille Lewins Küche gestaltet von Seth Stein; 17 Tristan Auers Wohnung in Paris; 18 Wohnung in Paris gestaltet von Abstrakt Architects; 19 Wohnung von Martine Colllanders (White Senses) in Stockholm; 20 Designer Andrea Truglio, Rom; 21 Hanne Kjaerholms Haus in Kopenhagen, Dänemark; 22 Interior Design Stiles Wilson, Sarasota, Florida; 22–23 Wohnung in New York gestaltet von John Barman Inc.; 24 Marina & Ivan Ritossas Boffi-Küche gestaltet von Alternative Plans; 25 Designer Fred Collin; 26–27 Catherine Chermayeff & Jonathan Davids Wohnung in New York gestaltet von Asfour Guzy; 30 Hanne Kjaerholms Haus in Kopenhagen, Dänemark; 31 Penthouse-Loft in New York gestaltet von Bruce Bierman Design Inc.; 32 Paolo Badescos Villa in Italien; 33 Marta Ventos' Küche in Barcelona; 34 links David Bergs Haus in Schweden; 34 rechts Wohnung in Belgien gestaltet von Francois Marcq; 37 Mitte links Designer Nathalie Hambro; 37 Mitte rechts Haus von Pam Skaist-Levy (Juicy Coutures) gestaltet von Leonardo Chalupowicz; 37 unten Marta Ventos' Küche in Barcelona; 38 De Stad, Amsterdam gestaltet von Next Architects; 38–39 Haus in Italien gestaltet von Paolo Badesco; 40 links gestaltet von Thad Hayes Design, Inc.; 40 rechts Haus in New York gestaltet von Shelton, Mindel Associates; 40 rechts Haus in New York gestaltet von Shelton, Mindel Associates; 41 links Richard & Lucille Lewins Haus in Plettenberg, Südafrika, gestaltet von Seth Stein; 41 rechts Stark Residence, London, gestaltet von Curtis Wood Architects; 42–43 Patrick de Porteres Wohnung, gestaltet von Andrée Putman; 43 James Gager & Richard Ferrettis, New York, gestaltet von Stephen Roberts; 44 Susanna Colleoni & Didi Hubers Haus in Mailand; 45 Vincente Wolfs Wohnung in New York; 47 Artists Ben Langlands & Nikki Bells Haus in London; 48 Steven Ehrlich, FAIAs Haus in Venice, Kalifornien; 49 links gestaltet von Seibert Architects; 49 rechts Martin Hardings Haus gestaltet von Audrey Matlock; 50 van Breestraat, Amsterdam, gestaltet von Marc Prosman Architecten BV; 51 links Anne Fougeron Architecture; 51 rechts Ben Cherner & Emma O'Neills Wohnung in New York; 52 oben Dominique Picquiers Haus in Paris; 52 unten Wohnung, ausgestattet mit Stoffen von Jane Churchill; 53 Daniel Rozensztrochs Wohnung in Paris; 54 Sarah Bredenkamps Wohnung in London; 54–55 Andrzej Zarzyckis Wohnung in London, Design Collett-Zarzycki; 55 oben Kanetell Residence, New York, gestaltet von Downtown Group; 55 unten Wohnung von Dominique Lubar (IPL Interiors) in London;

56 links Laurent Dombrowicz & Franck Delmarcelles Haus in Nordfrankreich; 57 Eric & Gloria Stewarts Gutshaus in Südwest-Frankreich; 58 David Gills Haus in London; 59 Designer Karim Rashids Wohnung in New York; 60 Dean Smith & Pearl Wous Haus in London; 60–61 Jean-Marc Vynckiers Haus in Lille; 61 Interior Design Tuula Poyhonen; 62 links Mark Rios' Küche in Los Angeles; 62 rechts Haus in East Hampton gestaltet von Selldorf Architects; 63 Laurence Kriegels Wohnung in New York; 64 Alastair Gordon & Barbara de Vries' Haus in New Jersey; 65 Gerhard Jennes Haus in London, gestaltet von Azman Owens Architects; 66 Designer Lena Proudlock; 67 Mark Rios' Haus in Los Angeles; 68 William Yeowards Haus auf dem Lande; 69 unten Kanetell Residence, New York, gestaltet von Downtown Group; 70 oben links Jerry & Susan Laurens Wohnung; 70 oben rechts Agnès Emerys Haus in Brüssel; 70 unten Wohnung, ausgestattet mit Stoffen von Jane Churchill; 71 Diane de Clercqs Haus in Rom; 72 Designer Johnny Grey; 73 links Sara & Joe Farleys Wohnung in New York gestaltet von Asfour Guzy; 73 rechts Patrick de Porteres Wohnung, gestaltet von Andrée Putman; 74–75 Weaving/Thomasson Residence, London; 77 oben links Haus in East Hampton gestaltet von Selldorf Architects; 77 oben rechts Andrzej Zarzyckis Wohnung in London, Design Collett-Zarzycki; 77 unten links gestaltet von Martin Brudnizki Design Studio; 77 unten rechts Catherine Chermayeff & Jonathan Davids Wohnung in New York gestaltet von Asfour Guzy; 78 links Haus von Pam Skaist-Levy (Juicy Coutures) gestaltet von Leonardo Chalupowicz; 78 rechts gestaltet von Seibert Architects; 79 Weaving/Thomasson Residence, London; 80-81 Interior Design Jean-Dominique Bonhotal; 82 oben Charles Rutherfoord & Rupert Tylers Wohnung in London; 82 unten Wohnung in Paris gestaltet von Frédéric Méchiche; 83 Haus in Frankreich gestaltet von Yves Gastou; 84–85 Martin Hardings Haus gestaltet von Audrey Matlock; 86 links Wohnung, ausgestattet mit Stoffen von Jane Churchill; 86 rechts Nina Gustafssons Haus in Schweden; 87 oben Designer Mimmi O'Connell; 87 unten Wohnung, ausgestattet mit Stoffen von Jane Churchill; 88–89 gestaltet von Thad Hayes Design, Inc.; 90 Stark Residence, London gestaltet von Curtis Wood Architects; 91 Steven Ehrlich, FAIAs Haus in Venice, Kalifornien; 92 links Marta Ventos' Küche in Barcelona; 92 rechts Keith & Cathy Abells Haus in New York gestaltet von 1100 Architect; 93 Wohnung in Belgien gestaltet von Francois Marcq, Küche gestaltet von Fahrenheit; 94 Haus von Peri Wolfman & Charles Gold in Bridgehampton; 95 links Peter Wheeler & Pascale Reverts Wohnung in London, gestaltet von Eric Gizard; 95 rechts Jamie Drakes Wohnung in New York; 96 links Yvonne Sporres Haus in London; 96 oben rechts Paolo Badescos Villa in Italien; 96 unten rechts Martine Colliander von White Senses Wohnung in Stockholm; 97 Mark & Cynthia Wilkinsons Küche in Wiltshire; 98 oben Dominique Kieffers Küche in Paris; 98 unten Agnès Emerys Haus in Brüssel; 99 Haus von Peri Wolfman & Charles Gold in Bridgehampton; 100 oben links Mark & Cynthia Wilkinsons Küche in Wiltshire; 100 oben rechts Beatrice de Lafontaines Küche in Knokke, gestaltet von John Pawson; 100 unten links Designer Johnny Grey; 100 unten rechts Beatrice de Lafontaines Küche in Knokke, gestaltet von John Pawson; 101 Designer Johnny Grey; 102 links Kristina Ratias Haus in Connecticut; 102 rechts Antony & Kristen Smithies Küche gestaltet von Amanda Halstead von Halstead Designs International; 103 oben Glen Senk & Keith Johnsons Haus in Philadelphia; 103 unten Tony Barattas Haus in Long Island; 104 Eric & Gloria Stewarts Gutshaus in Südwest-Frankreich; 104–105 Haus von Kate Dyson (The Dining Room Shops) in London; 105 Haus von Lena Proudlock (Denim in Styles) in Gloucestershire; 106 Haus in East Hampton gestaltet von Selldorf Architects; 107 Evi Kalogianni Bouras' Küche in London gestaltet von Adjaye Associates; 108 Martin Hardings Haus gestaltet von Audrey Matlock; 109 links Carefree & Figlar; 109 rechts Designer Anthony Cochran, New York; 110 links Kanetell Residence, New York, gestaltet von Downtown Group; 111 Illka Wohnung, Helsinki, gestaltet von Kari Lappalainen; 112 Yvonne Sporres Haus in London; 113 Haus in Brooklyn, New York, gestaltet von Ogawa Depardon Architects; 114 Karim El Achaks Haus in Marrakesch; 114–115 Andrzej Zarzyckis Wohnung in London, Design Collett-Zarzycki; 116 links Haus Illka, Helsinki, gestaltet von Kari Lappalainen; 116–117 gestaltet von Sally Sirkin Lewis; 117 Stark Residence, London gestaltet von Curtis Wood Architects; 118 Mr & Mrs Fastings Blockhaus in den norwegischen Bergen, gestaltet von Heiberg Cummings Design; 119 Sally Mackereth & Julian Vogels Haus in London gestaltet von Sally Mackereth; 120 links Weaving/Thomasson Residence London; 120 rechts Jerry & Maxine Swartzs Haus in Germantown, New York; 121 links gestaltet von James Gorst; 121 rechts Nina Gustafssons Haus in Schweden; 122 Weaving/Thomasson Residence, London; 123 links Mr & Mrs Stokkes Blockhaus in den norwegischen Bergen, gestaltet von Heiberg Cummings Design; 123 rechts Greville & Sophie Worthingtons Haus; 125 Wohnung in Belgien gestaltet von Francois Marcq; 126 links Weaving/Thomasson Residence, London; 126 rechts Designerin Kelly Hoppen; 127 Emmanuel Renoirds Haus in der Normandie; 128 Maxime & Athénais d'Angeacs Haus in Paris; 130–131 Jackie Villevoyes Haus in den Niederlanden; 132 Penthouse-Loft in New York, gestaltet von Bruce Bierman Design Inc.; 133 links Reed & Delphine Krakoffs Stadthaus in Manhattan, gestaltet von Delphine Krakoff von Pamplemousse Design Inc.; 133 rechts James Mohn & Keith Reckers Wohnung in New York, gestaltet in Zusammenarbeit von Keith Recker und James Mohn; 134–135 Designer Lynn Fornieles von Febo Designs.

Ein Buch zu schreiben kann Ärger oder Vergnügen bereiten.
In diesem Fall war es das reinste Vergnügen.
Dafür danke ich dem gut organisierten und effizienten Team des Verlags Jacqui Small:
Kate, Hilary, Ashley und Nadine.
Sie haben dafür gesorgt, dass die Arbeit an diesem Projekt reibungslos voranging
und so viel Freude gemacht hat.

CANADA DRY
SELTZER